MARCEL PROUST
par lui-même

" Écrivains de toujours "

MARCEL PROUST
par lui-même

IMAGES ET TEXTES PRÉSENTÉS PAR
CLAUDE MAURIAC

" Écrivains de toujours "

AUX ÉDITIONS DU SEUIL
27, RUE JACOB, PARIS-VIᵉ

à SUZY, « cette enfant où j'aime à
penser que peut-être un peu de Maman
et Papa subsiste » (Marcel Proust),

à MARIE-CLAUDE,

à GÉRARD.

Points de repère

1870. 3 septembre : le docteur Adrien Proust épouse Mlle Jeanne Weil.

10 juillet 1871 : Naissance de Marcel Proust, dans la maison de son oncle maternel Louis Weil, rue La Fontaine, à Auteuil.

1873. 24 mai : Naissance de Robert, frère de Marcel.

1880. Marcel a sa première crise d'étouffement (asthme).

1882. Il entre au lycée Condorcet.

1887-1888. Classe de rhétorique au lycée Condorcet. Son professeur, Maxime Gaucher, y pressent son génie.

1888-1889. Classe de philosophie. M. Darlu y exerce sur lui une profonde influence. Marcel Proust reçoit le prix d'honneur de Philosophie.

1889. Bergson publie sa thèse sur *Les données immédiates de la conscience*.

Proust devance l'appel et fait un « volontariat » d'un an au 76ᵉ Régiment d'Infanterie, à Orléans. Classé 63ᵉ sur 64 au peloton d'Instruction. Passe ses dimanches à Paris.

1890. Entré à l'École des Sciences Politiques. Y suit les cours d'Albert Sorel, d'Anatole Leroy-Beaulieu et d'Albert Vandal. Suit, à la Sorbonne, les cours de Bergson.

1892. Séjour à Trouville. Écrit, en août, *Violante ou la Mondanité* (qui sera plus tard inséré dans *Les Plaisirs et les Jours*). Sa maladie s'est aggravée, mais lui laisse encore de longs moments de rémission. Il publie plusieurs textes dans la revue *Le Banquet*, fondée la même année. Reçu, en août, à la licence ès lettres.

1893. Proust fait la connaissance, chez Madeleine Lemaire, du comte Robert de Montesquiou. Il publie plusieurs articles dans *Le Banquet* et *La Revue blanche*. Séjours à Trouville et à Saint-Moritz. Mort à Paris, le 3 octobre, de son ami William Heath, auquel il dédiera *Les Plaisirs et les Jours*.

1894. Séjour estival de Proust à Trouville. Arrestation, le 15 octobre, du capitaine Dreyfus, qui est déporté le 22 décembre à l'île du Diable.

1895. Le 14 janvier, Proust publie, dans *Le Gaulois*, « Un dimanche au Conservatoire » ; autre article, le 11 décembre, dans le même journal : « Figures parisiennes : Saint-Saëns ». Jacques-Émile Blanche fait son portrait. Proust se présente à un concours pour le poste d' « attaché non rétribué à la Bibliothèque Mazarine ». Reçu 3e sur 3, et détaché au ministère de l'Instruction Publique. Demande et obtient un congé d'un an. Séjour, en octobre, à Begmeil. Mort de sa grand'mère maternelle.

1896. Parution, chez Calmann-Lévy, du premier ouvrage de Proust, *Les Plaisirs et les Jours*, préfacé par Anatole France, illustré par Madeleine Lemaire, avec des textes musicaux de Reynaldo Hahn. Paraissent également cette année-là : « au Ménestrel », une plaquette, *Portraits de peintres* ; et quatre pièces pour piano, de Reynaldo Hahn, sur des poésies de Marcel Proust. Lequel publie aussi, dans *La Revue blanche*, un texte qu'il reprendra en partie, en 1921, comme préface à *Tendres stocks*, de Paul Morand.

1896-1904. Proust écrit un roman de mille pages, qui restera inachevé et totalement inconnu jusqu'à sa publication posthume, en 1952, sous le titre *Jean Santeuil*.

1897. Proust se bat en duel (février), à la Tour de Villebon, avec Jean Lorrain, — qui l'avait « insulté » dans la presse à propos de *Les Plaisirs et les Jours*. Il publie une critique dans la *Revue d'art dramatique* et, dans *La Presse* du 19 décembre, un « Adieu à Alphonse Daudet ».

1898. Février : procès Zola. Proust est dreyfusard.

1899. Obtient, le 9 février, son quatrième congé d'un an à la Bibliothèque Mazarine. Juin : libération de Dreyfus. En septembre, séjour de Proust à Évian.

1900. Voyage à Venise. Proust publie, dans *Le Figaro* du 13 février, « Pèlerinages ruskiniens » ; et, dans le numéro d'avril du *Mercure de France* : « Ruskin à N.-D. d'Amiens », — préface de *La Bible d'Amiens*, qui, modifiée, sera reprise dans *Pastiches et Mélanges*. Considéré, le 1er mars, comme démissionnaire de la Bibliothèque Mazarine, où il n'a pas regagné son poste. Le professeur Adrien Proust, sa femme et son fils Marcel quittent le 9 boulevard Malesherbes pour le 45 rue de Courcelles.

*45, rue de Courcelles, le Professeur Adrien Proust
et son fils Robert, frère de Marcel.*

1903. Sous le pseudonyme de *Dominique*, Proust publie, dans *Le Figaro* du 25 février, « Un salon historique : le salon de S. A. I. la princesse Mathilde ». D'autres « salons » suivront, qu'il signera parfois *Horatio*. Séjour à Évian. Mort du professeur Adrien Proust, le 26 novembre.

1904. Août : Marcel Proust fait une courte croisière le long des côtes bretonnes, sur le yacht de M. Paul Mirabaud, beau-père de son ami Robert de Billy. Le 16 août, sous le titre : « La mort des cathédrales, une conséquence du projet Briand », il publie dans *Le Figaro* un article où il défend les églises menacées. Parution de sa traduction de *La Bible d'Amiens*, de Ruskin, dont il a écrit la préface et les notes.

1905. Parution le 15 juin, dans *La Renaissance latine*, de « Sur la lecture », — préface de *Sésame et les Lys*, de Ruskin, qui sera reprise, après modifications, dans *Pastiches et Mélanges*. A Évian, où Proust se trouve en août avec elle, sa mère tombe gravement malade. Il la ramène le 13 septembre à Paris, où elle meurt le 26.

Du début de décembre 1905 à la fin de janvier 1906, Proust fait une cure au sanatorium de Boulogne-sur-Seine.

1905-1912. Marcel Proust compose en grande partie *A la recherche du temps perdu*.

1906. Parution de sa traduction de *Sésame et les Lys*. Séjour à l'hôtel des Réservoirs, à Versailles. Déménage et va habiter au 102 boulevard Haussmann.

1907. Publie, dans *Le Figaro* du 1er février, « Sentiments filiaux d'un parricide » (qui sera repris dans *Pastiches et Mélanges*), et dans celui du 20 mars : « Journées de lecture ». D'autres textes paraîtront encore, dans les numéros des 15 juillet, 23 juillet, 19 novembre. Séjour à Cabourg.

1908. *Le Figaro* publie, dans ses numéros des 22 février, 14 mars et 21 mars, « L'Affaire Lemoine », — pastiches qui seront insérés dans *Pastiches et Mélanges*. Passe une partie de l'été à Cabourg, puis séjourne à Versailles.

1909. Lit à Reynaldo Hahn, et fait lire à Georges de Lauris, le début de *Swann*. Séjour à Cabourg en août.

1910. Assiste à la répétition générale d'un ballet de Reynaldo Hahn, *La fête chez Thérèse*, et aux ballets russes. Été à Cabourg.

1911. A Cabourg, en août.

1912. « Épines blanches, épines roses » paraît dans *Le Figaro* du 21 mars. D'autres extraits (remaniés) du *Temps perdu* suivront, la même année, dans le même journal : « Rayon de soleil sur le balcon », « L'église de village », etc. Abonné au théâtrophone, Proust y écoute du Wagner, et *Pelléas*. Antoine Bibesco l'abonne à la *Nouvelle Revue Française*. Août et septembre à Cabourg.

1913. Dans *Le Temps* du 12 novembre, un article de M. Élie-Joseph Bois annonce pour le lendemain la parution, aux éditions Bernard Grasset, de *Du côté de chez Swann* (mais ne dit pas qu'il s'agit d'un « compte d'auteur », — tous les éditeurs, dont Gallimard, ayant refusé le manuscrit de Proust). Article de Lucien Daudet sur *Swann*, dans *Le Figaro* du 23 novembre. Feuilleton de Paul Souday, consacré à *Swann*, dans *Le Temps* du 10 décembre.

1914. La *Nouvelle Revue Française* du 1er janvier publie, sous la signature d'Henri Ghéon, une note consacrée à *Swann*. Repentante et admirative, la même revue publie, en juin et juillet, des extraits de *Du côté de Guermantes* (qui appartiendront en réalité aux *Jeunes filles en fleurs*). La guerre interrompt la publication du *Temps perdu*. Septembre : Proust séjourne à Cabourg.

1919. Par 6 voix, contre 4 aux *Croix de bois* de Roland Dorgelès, le prix Goncourt couronne, le 10 novembre, *A l'ombre des jeunes filles en fleurs*, qui vient de paraître chez Gallimard. Parution, également, de *Pastiches et mélanges*. Proust donne une préface au livre de J.-E. Blanche, *De David à Degas*. Il doit quitter son appartement du boulevard Haussmann, vendu par sa tante et transformé en banque. Il habite quelques mois dans un garni, rue Laurent-Pichat, puis s'installe « provisoirement » au 44 rue Hamelin, — dans ce 5e étage qu'il ne quittera plus jusqu'à sa mort.

1920. Parution de *Guermantes*, tome I. La *Nouvelle Revue Française* de janvier publie « A propos du style de Flaubert ».

1921. Parution du tome II de *Guermantes* et du tome I de *Sodome et Gomorrhe*. Réédition de *Les Plaisirs et les Jours*. Préface à *Tendres stocks*, de Paul Morand. « A propos de Baudelaire » paraît dans le numéro de juin de la *Nouvelle Revue Française*. Visitant avec Jean-Louis Vaudoyer une exposition des maîtres hollandais (au Musée du Jeu de Paume), Proust y éprouve une indisposition qui lui servira pour décrire la mort de Bergotte. Mort, le 11 décembre, du comte Robert de Montesquiou.

1922. Parution de *Sodome et Gomorrhe*, tome II. En octobre, étant sorti pour se rendre chez le comte Étienne de Beaumont, Proust prend une bronchite.

18 novembre 1922 : Mort de Marcel Proust.

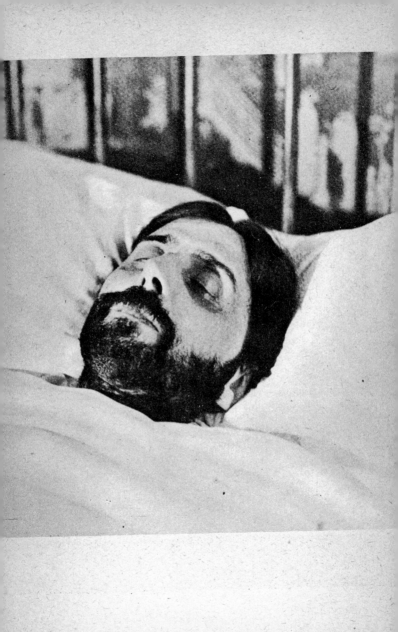

Sous-Titre de Sodome ? I

Première apparition des hommes-femmes
descendants des ~~...~~ ... les habitants de
Sodome qui furent épargnés par le
Feu du ciel

Côté de Guermantes II

À côté de façon[?] ~~admire~~ ~~...~~
~~...~~ des "lettres" toute une école
classique qui changeait le place des
virgules et rendait aux ... doit
été leur sens ancien. Mais pose à un
écrivain, copiant d'ailleurs un plus
savant qui ~~...~~ ~~...~~
écrira "des portraits peints à la rigueur"
"est-ce pas ~~...~~ la vérité même" (telle
lie de la ... est-ce pas) "inventer à" (pourquoi
les autres copie... sous l'autre cahier)
est-ce que ~~...~~ Et à vous en aura pour
Cela du talent ? ~~...~~ ... n'est-ce

1923. *La Prisonnière* (tomes I et II). C'est désormais le professeur Robert Proust qui s'occupe de la publication des œuvres de son frère.

1925. *Albertine disparue.*

1927. *Le temps retrouvé* (tomes I et II).

1928. *Chroniques,* recueil d'articles divers.

1930. Premier volume de la *Correspondance générale,* dont la publication est entreprise, chez Plon, par Robert Proust et Paul Brach.

1935. Mort, en mai, du professeur Robert Proust. Sa fille, Mme Gérard Mante-Proust, assume dès lors la défense matérielle et morale de l'œuvre de son oncle.

1952. Parution, chez Gallimard, de *Jean Santeuil,* — reconstitué par Bernard de Fallois sur un manuscrit à moitié déchiré et non paginé.

Les textes de Marcel Proust qui entrent dans la composition du présent ouvrage ont été empruntés à l'ensemble de son œuvre [1]. Mais nous avons recouru de façon plus spéciale à l'important roman demeuré à l'état d'ébauche et qui vient d'être publié sous le titre de *Jean Santeuil*, — d'abord parce qu'il renouvelle et approfondit les sources de l'univers proustien, ensuite parce que son caractère autobiographique, beaucoup plus accusé que dans *A la recherche du temps perdu*, nous le rendait ici particulièrement précieux. De même, nous avons souvent mis à contribution toute une correspondance dont la richesse et la beauté sont encore assez généralement méconnues.

Les abréviations suivantes ont été parfois utilisées :

J. S. : *Jean Santeuil*
Sw. : *Du côté de chez Swann*
J. F. : *A l'ombre des jeunes filles en fleurs*
C. G. : *Le côté de Guermantes*
S. G. : *Sodome et Gomorrhe*
P. : *La Prisonnière*
A. D. : *Albertine disparue*
T. R. : *Le temps retrouvé*
COR. : *Correspondance générale*.

La pagination de *A la recherche du temps perdu* diffère suivant les éditions : nous précisons que nos références valent pour celle de 1942 (Gallimard).

La publication de la *Correspondance générale* de Proust a été entreprise, chez Plon, en 1930 ; mais certaines des lettres que nous citons proviennent de divers recueils publiés indépendamment : nous en avons alors indiqué les titres.

[1]. Entièrement placée sous le *copyright* « Librairie Gallimard », à l'exception de la Correspondance.

UNE ENFANCE PROLONGÉE

L'enfance de Marcel Proust se prolongea bien au-delà des limites habituelles. Petit garçon trop vulnérable, il ne pouvait s'endormir avant d'avoir reçu de sa mère un baiser. Ce baiser du soir, les angoisses et les joies qu'il lui devait, sont un des thèmes de *Jean Santeuil* (I, 65-73) et du *Temps perdu* (Sw. I, 19-47), — le roman inachevé et l'œuvre gigantesque étant construits autour des mêmes souvenirs-clefs, plus ou moins bien orchestrés mais identiques, dans l'essai balbutiant de la jeunesse et le chef-d'œuvre de la maturité. Marcel Proust n'a jamais rien inventé de ce qui le concernait ou de ce qui était attribué, dans ses livres, à ce narrateur avec lequel, compte tenu des indispensables transpositions romanesques, il se confond à peu près totalement. La présence de sa mère lui demeura à ce point indispensable qu'il vécut avec elle jusqu'à ce qu'elle mourût. Il avait alors près de trente-cinq ans. Cet enfant maladivement sensible, nous le retrouvons donc dans les romans qu'il écrivit une fois « devenu grand », mais n'ayant pas pour autant oublié ce qu'il avait appris « lorsqu'il était petit », — cela même dont ceux d'entre nous qui ne sont pas des artistes ont perdu le souvenir pour le plus assuré confort d'une vie désormais stérilisée.

Entre le professeur Adrien Proust et son fils, la communication était douloureuse et difficile. « *Je tâchais non de le satisfaire — car je me rends bien compte que j'ai été le point noir de sa vie — mais de lui témoigner ma tendresse. Et tout de même il y avait des jours où je me révoltais devant ce qu'il avait de trop certain, de trop assuré dans ses affir-*

mations. » (COR. II, 49-50). Inspecteur général des services sanitaires, professeur d'hygiène à la Faculté de Médecine, membre de l'Académie de Médecine, spécialiste des questions concernant la diffusion des maladies contagieuses en Orient et conseiller technique pour la France de toutes les Conférences internationales sanitaires de cette époque, le professeur Adrien Proust était en effet le contraire d'un faible et d'un rêveur. « *Mon père avait pour mon genre d'intelligence un mépris suffisamment corrigé par la tendresse pour qu'au total, son sentiment sur tout ce que je faisais fût une indulgence aveugle.* » (J. F. I, 39). A la mort de son père, Marcel écrit à Laure Hayman :

Ma mauvaise santé, que je ne cesse de bénir en cela, avait eu ce résultat depuis des années de me faire vivre beaucoup plus avec lui, puisque je ne sortais plus jamais. Dans cette vie de tous les instants, j'avais dû atténuer — et il y a bien des moments où j'ai l'illusion rétrospective de me dire : supprimer — des traits de caractère ou d'esprit qui pouvaient ne pas lui plaire. De sorte que je crois qu'il était assez satisfait de moi, et c'était une intimité qui ne s'est pas interrompue un seul jour, et dont je sens surtout la douceur maintenant que la vie en ses moindres choses m'est si amère et si odieuse. D'autres ont une ambition quelconque qui les console. Moi je n'en ai pas, je ne vivais que cette vie de famille et maintenant elle est à jamais désolée. (COR. V, 215-216.)

Que sera-ce quand sa mère mourra ! Comme toutes les mères, son indulgence était sans limite, mais sans limite aussi sa capacité de souffrir par son enfant. D'où la peur de Marcel Proust, aussi longtemps qu'elle vécut, d'être reconnu d'elle pour ce qu'il était : un homme différent des autres quant à son essentielle passion. En fait, la sensibilité de son fils aîné semblait à Mme Proust plus angoissante encore qu'à son mari : si elle n'en connaissait pas le secret, elle en pressentait à de multiples signes anormaux l'inquiétante signification. Quant à lui, il ne pouvait se passer de cette maman bien-aimée. A l'occasion de sa mort, il avoue à Robert de Montesquiou l'étendue de son amour pour elle :

Elle me sait si incapable de vivre sans elle, si désarmé de toutes façons devant la vie, que si elle a eu comme j'en ai la peur et l'angoisse, le sentiment qu'elle allait peut-être me quitter pour jamais, elle a dû connaître des minutes

anxieuses et atroces qui me sont à imaginer le plus horrible supplice. (...) Ma vie a désormais perdu son seul but, sa seule douceur, son seul amour, sa seule consolation. J'ai perdu celle dont la vigilance incessante m'apportait en paix, en tendresse, le seul miel de ma vie que je goûte encore par moments avec horreur dans ce silence qu'elle savait faire régner si profond toute la journée autour de mon sommeil et que l'habitude des domestiques qu'elle avait formés fait encore survivre, inerte, à son activité finie. J'ai été abreuvé de toutes les douleurs, je l'ai perdue, je l'ai vue souffrir, je peux croire qu'elle a su qu'elle me quittait et qu'elle n'a pu me faire des recommandations qu'il était peut-être pour elle angoissant de taire, j'ai le sentiment que par ma mauvaise santé j'ai été le chagrin et le souci de sa vie. (...) Mais me quitter pour l'éternité, me sentant si peu capable de lutter dans la vie, a dû être pour elle un bien grand supplice aussi. Elle a dû comprendre la sagesse des parents qui, avant de mourir, tuent leurs petits enfants. Comme disait la Sœur qui la soignait, j'avais toujours quatre ans pour elle... (COR. I, 161-163.)

Cette lettre, si douloureuse et belle, révèle dans l'amour de Marcel Proust pour sa mère une sorte d'égocentrisme dont nous verrons qu'il lui était habituel. Mais sans doute n'y entrait-il pas seulement de l'égoïsme. Lorsque, en 1908, Georges de Lauris perd sa mère, Marcel Proust trouve pour le consoler des mots qui marquent une telle participation à sa douleur, qu'il semble bien avoir projeté sur les parents de son ami, qui conserve son père, l'image des siens qu'il a perdus. Des uns aux autres, il y a transfert :

La pensée que votre père a écouté de vous la lecture de mon article m'a été d'une douceur infinie parce que, mieux que tout ce que vous auriez pu me dire, elle m'a montré que la douce vie spirituelle que vous meniez avec votre mère n'était pas finie à jamais, que votre père avait aussi pour vous des douceurs maternelles (...) Je crois sentir là une douceur qui même dans l'affreuse détresse où vous êtes est bien quelque chose et où vous devez retrouver tout de même quelque chose de ce désintéressement infini, dévoué jusqu'à la mort dans le complet oubli de soi, qui était dans la tendresse de votre mère. Et cela m'émeut peut-être moins de penser que c'est une douceur pour vous que de penser que ç'aurait été une douceur pour elle, que souvent quand elle envisageait la possibilité de vous quitter tous deux, elle ne pouvait rien rêver de plus doux, de plus propre à calmer ses angoisses, que de vous réaliser tous deux dans une si tendre et parfaite union qu'elle va jusqu'à ces chimères « d'admirer » ce que je fais. Cette tendresse-là, il n'y a que nos parents qui peuvent la donner. Après cela, quand on ne les a plus, on ne la connaît plus jamais, jamais de personne. Excepté dans le souvenir des heures passées avec eux, qui seul aide à vivre et surtout nous aidera à mourir. (A un ami, 143-145.)

Le mélange est subtil, ici, entre l'oubli et l'obsession de soi.

L'enfant — et même l'adolescent — Marcel Proust était si nerveux, qu'il suffisait de quelque parole un peu dure pour qu'il pleurât toute une nuit, — redoublant ainsi les alarmes de sa grand'mère, de sa mère et de son père, qui ne savaient quelle conduite adopter avec lui et passaient plus ou moins maladroitement d'un excès d'indulgence à une éphémère sévérité. Voici comment Marcel Proust, élève du lycée Condorcet, se peint lui-même dans *Jean Santeuil* :

L'absence de son ami Henri de Réveillon dura une longue année pendant laquelle Jean n'eut dans sa classe aucun ami et quelques ennemis. C'était un petit groupe de trois plus intelligents garçons de la classe. (...) Ils ne lui disaient presque jamais bonjour, se moquaient de lui quand il parlait, et dans la cour ou dans l'escalier où ils se rencontraient, avant de monter dans la classe, le poussaient ou le faisaient tourner sur lui-même pour le faire tomber. Jean à qui leur intelligence avait inspiré une grande sympathie en gardait une vive déception, sans la moindre rancune. Et si une fois, par hasard, ils lui disaient quelques mots gentiment, il se reprenait à les aimer et à être gentil avec eux. Il ne comprenait pas que ce besoin de sympathie, cette sensibilité maladive et trop fine qui le faisait déborder d'amour à la moindre gentillesse, choquaient comme de l'hypocrisie, agaçaient comme de la pose ces jeunes gens, chez qui l'indifférence d'une nature plus froide se doublait de la dureté de leur âge. Ignorant des causes de leur antipathie, Jean, qui par sympathie s'imaginait les autres pareils à lui, et par modestie meilleurs, s'ingéniait de plus,

AU LYCÉE CONDORCET

par scrupule, à découvrir dans sa conduite avec eux quelque faute grave, quelque méchanceté involontaire de sa part qui eût pu les fâcher. Il leur parla, leur écrivit, redoubla leurs cruelles railleries. Il avait écrit une si belle lettre, si sincère, si éloquente que les larmes lui venaient aux yeux en l'écrivant. Quand il vit qu'elle n'avait servi à rien, il commença à douter du pouvoir de notre sympathie sur les cœurs qui n'en ont pas pour nous, du pouvoir de notre pensée et de notre talent, sur les pensées et les talents qui ne ressemblent pas aux nôtres. Il se la répétait cette lettre, il la trouvait si convaincante, si belle... (J. S. I, 324-325.)

De retour à la maison, le ton change. Non qu'il ne déborde encore d'amour : mais les précautions que l'on prend avec lui, dont la « sensibilité maladive » a fait l'objet d'une sorte de reconnaissance officielle, lui donnent toute licence pour se laisser aller à sa nature, laquelle ne supporte aucune contrariété :

« *Mon petit Jean je viens de voir M. Jacomier à qui je demandais depuis longtemps de te donner des leçons. Il t'attendra chez lui à deux heures. — A deux heures, mais je ne peux pas, je vais aux Champs-Élysées, dit Jean qui avait tout compris. — Eh bien, tu n'iras pas aux Champs-Élysées. Il est temps que tu te mettes à travailler. — Pas aux Champs-Élysées, s'écria Jean avec fureur, pas aux Champs-Élysées ? Si, j'irai, je me moque de M. Jacomier, je le tuerais plutôt sur mon passage si je le voyais, cet affreux singe, je le tuerais entends-tu ». Mme Santeuil referma la porte de l'appartement sur elle et sur Jean qui continuait à crier. M. Sandré voulut venir mais Jean, qui savait le rôle de son grand-père dans la décision que ses parents avaient prise, l'écarta violemment en lui disant : « Toi, je te déteste. — Si tu continues, j'irai chercher ton père. — Va donc le chercher, voilà qui m'est égal, s'écria Jean affolé par le bruit violent que prenait sa propre voix, je lui dirai quelle méchante créature il a pour femme, qui ne veut que faire du mal à son fils » et saisissant la carafe d'eau qui était prête sur la table pour son déjeuner, il la jeta par terre où elle se brisa. « André, André, viens, Jean devient fou » s'écria Mme Santeuil. M. Santeuil qui restait doux tant qu'il pouvait défendre son repos, mais qui, s'il était attaqué, devenait d'autant plus furieux, arriva. « Mon petit papa, dit Jean en se mettant à genoux, on me veut du mal, maman me persécute, défends-*

moi. — *Non, ta mère a raison, dit M. Santeuil incertain de ce qu'il allait dire. Tu es insupportable aussi avec cette petite fille. D'abord, tu ne la verras plus. — Je ne la verrai plus, s'écria Jean, je ne la verrai plus ? Canailles que vous êtes tous, je ne la verrai plus, je ne la verrai plus ? Nous verrons bien cela », et Jean, au moment où son père le poussait en lui donnant des claques vers le cabinet noir, tomba dans une violente attaque de nerfs.* (J. S. I, 105-106.)

Alors sa colère contre lui-même alla grossir sa colère contre ses parents. Et comme ils étaient la cause de son angoisse, de cette inaction cruelle, de ses sanglots, de sa migraine, de son insomnie, il aurait voulu leur faire mal ou au moins que, sa mère entrant, il pût plutôt encore que l'invectiver lui dire qu'il renonçait au travail, qu'il découcherait toutes les nuits, qu'il trouvait son père bête, inventer au besoin qu'il s'était moqué de M. Gambaud, aliéné sa protection, fait renvoyer du lycée, ayant le besoin de frapper et de lui rendre avec des mots qui porteraient comme des coups un peu du mal qu'elle lui avait fait. Mais ces paroles qu'il ne pouvait pas dire restaient en lui et comme un poison qu'on ne peut expulser gagne tous les membres, ses pieds, ses mains tremblaient, se convulsaient dans le vide, cherchaient une proie. Il se leva, courut à la cheminée et il entendit un bruit terrible : le verre de Venise, que sa mère lui avait acheté cent francs et qu'il venait de briser. Mais la pensée que sa mère en serait fâchée et verrait qu'il fallait un peu plus y regarder avant de tourmenter Jean, qu'il y avait à compter avec lui, ne le calma pas, car il s'en voulait d'avoir détruit un verre qu'il trouvait si beau et qu'il devait justement le lendemain faire admirer à Henri. Et voyant en miettes ce qu'aucun regret ne pouvait rapprocher, recomposer et refondre, il accusa ses parents de ce nouveau malheur. (J. S. I, 308-309.)

Cette violence a, littérairement, quelque chose d'étonnant. Au moment où il écrivait sa première œuvre, *Les Plaisirs et les Jours*, Marcel Proust n'avait pas encore découvert sa méthode de prospection et d'épuisement du réel : l'écriture mesurée en excluait les descriptions exhaustives ou les constats détaillés de sensations extrêmes. Au contraire, la pleine possession de ses moyens, lorsqu'il composera *A la recherche du temps perdu*, lui permettra de mieux diriger son tir, de corriger les erreurs qui font tache, soit du strict point de vue artistique, soit en ce qui concerne sa propre personne, — dont il veut bien dévoiler les secrets, voire les faiblesses, mais en toute connaissance de cause, en sachant exactement à quoi il s'engage, jusqu'où il se livre. C'est ainsi que l'adolescent coléreux et tyrannique de *Jean Santeuil*, irrespectueux et brutal avec ses parents lorsqu'ils lui ont déplu, s'adoucira dans *Swann* et les ouvrages suivants, la sensibilité du narrateur restant la même mais gardant une tenue et, au sein même du déséquilibre décrit, un équilibre écrit qui manquaient au héros (comme à l'écrivain) de *Jean Santeuil*. Ainsi l'outrance du ton disparaîtra-t-elle à peu près du grand ouvrage, dans la mesure sans doute (ce n'est évidemment là qu'une hypothèse) où l'auteur put en mener la composition et la rédaction à leur terme. En effet, si le narrateur du *Temps perdu* apparaît plus assagi par la vie que le jeune Jean Santeuil, nous le voyons encore en proie à de grandes colères dans *Albertine disparue*, — ouvrage que la mort ne lui laissa pas le temps de mettre au point :

> *Une absence de quarante-huit heures que mon père me demanda de faire avec lui et qui m'eût fait manquer la visite chez la duchesse me mit dans une rage et un désespoir tels que ma mère s'interposa et obtint de mon père de me laisser à Paris. Mais pendant plusieurs heures ma colère ne put s'apaiser, tandis que mon désir de Mlle d'Éporcheville avait été centuplé par l'obstacle qu'on avait mis entre nous, par la crainte que j'avais eue un instant que ces heures, auxquelles je souriais d'avance sans trêve, de ma visite chez Mme de Guermantes, comme à un bien certain que nul ne pourrait m'enlever, n'eussent pas lieu.* (A. D., 204.)

Une autre fois (le narrateur se trouvant à Venise), ce désir dont l'assouvissement n'accepte pas d'être différé est celui de la mystérieuse équivoque « *femme de chambre de Mme Putbus* », que nous voyons intervenir de loin en loin dans le *Temps perdu* :

> *Quand j'appris, le jour même où nous allions rentrer à Paris, que Mme Putbus, et par conséquent sa femme de chambre, venaient d'arriver à Venise, je demandai à ma mère de remettre notre départ de quelques jours ; l'air qu'elle eut de ne pas prendre ma prière en considération ni même au sérieux réveilla dans mes nerfs excités par le printemps vénitien ce vieux désir de résistance à un complot imaginaire tramé contre moi par mes parents (qui se figuraient que je*

serais bien forcé d'obéir), cette volonté de lutte, ce désir qui me poussait jadis à imposer brusquement ma volonté à ceux que j'aimais le plus, quitte à me conformer à la leur après que j'avais réussi à les faire céder. Je dis à ma mère que je ne partirais pas, mais elle, croyant plus habile de ne pas avoir l'air de penser que je disais cela sérieusement, ne me répondit même pas. Je repris qu'elle verrait bien si c'était sérieux ou non. Et quand fut venue l'heure où, suivie de toutes mes affaires, elle partit pour la gare, je me fis apporter une consommation sur la terrasse, devant le canal, et m'y installai, regardant se coucher le soleil tandis que sur une barque arrêtée en face de l'hôtel un musicien chantait « sole mio »... (A. D. 311-312.)

Il n'est pas de désir, si déraisonnable soit-il, dont il ne cherche à tout prix (et c'est ici le cas de le dire) l'immédiate satisfaction :

Quant à ma ruine relative, j'en étais d'autant plus ennuyé que mes curiosités vénitiennes s'étaient concentrées depuis peu sur une jeune marchande de verrerie, à la carnation de fleur qui fournissait aux yeux ravis toute une gamme de tons orangés et me donnait un tel désir de la revoir chaque jour que, sentant que nous quitterions bientôt Venise, ma mère et moi, j'étais résolu à tâcher de lui faire à Paris une situation quelconque qui me permît de ne pas me séparer d'elle. La beauté de ses dix-sept ans était si noble, si radieuse, que c'était un vrai Titien à acquérir avant de s'en aller. Et le peu qui me restait de fortune suffirait-il à la tenter assez pour qu'elle quittât son pays et vînt vivre à Paris pour moi seul ? (A. D. 302.)

Ce jeune despote, parce que sa sensibilité lui fait sans doute trouver au bon moment des mots et des gestes exquis, ce tyran domestique est aimé. C'est qu'il a besoin d'amour, ou, à défaut et pour le moins, de sollicitude. Ce que sa gentillesse lui fait obtenir d'autrui dans sa vie même, il ne prévoit pas toujours, dans *Jean Santeuil*, le temps romanesque nécessaire pour y parvenir. Ainsi, tel soir où il couche pour la première fois dans un hôtel de province, trouve-t-il tout naturel (et vraisemblable) que les domestiques se donnent le mot afin d'assurer le repos de ce client, privilégié de par sa sensibilité et son égocentrisme mêmes. Sa chambre ouvrait sur la cour : .

Jean à Begueil

I de téléphonage à sa mère

Les maisons qui y donnaient également étaient habitées de tous temps par les cochers (...), reste de la vieille population disparue et qui ne se mêlait pas au reste de la ville. Ils lavaient leur voiture sans bruit et d'ailleurs trois larges volets de bois dociles au moindre mouvement de Jean faisaient taire le bruit pendant qu'il dormait. Mais s'il se mettait à la fenêtre, l'un de ces cochers qui l'avait aperçu faisait signe aux autres de ne pas faire de bruit. Ils ne parlaient plus, posaient leur seau sans bruit à terre et on entendait seulement l'eau en train de couler des roues, et s'il appelait ou avait l'air de vouloir quelque chose, ils appelaient vivement, du seuil de leur écurie à la cuisine de l'hôtel de Chevreuse, situé sur la même cour et s'ouvrant en face, un domestique qui montait immédiatement chez Jean. (J. S. II, 280.)

Il est vrai que *Jean Santeuil*, écrit d'un seul jet, ne fut probablement jamais corrigé par son auteur. Marcel Proust nous dit que son héros n'a passé qu'une nuit dans cet hôtel, mais il ressort de la suite du texte qu'il y vint plus souvent. Dès lors l'invraisemblance du fait rapporté tombe, du moins partiellement. Il reste cette façon inusitée d'obtenir, où que l'on soit et en toutes circonstances, des serviteurs ou des « inférieurs » les soins exceptionnels dont on a besoin. Nous en retrouvons d'autres exemples dans *Jean Santeuil* même. C'est ainsi que nous voyons toute la domesticité de l'hôtel où il est descendu, à Begmeil, se placer spontanément à son entière dévotion, satisfaisant ses moindres manies, l'attendant, le soir, aussi longtemps qu'il faut pour lui servir ses repas, auxquels (afin de ne pas manquer quelque plaisir) il arrive à des heures irrégulières et, le plus souvent, fort tardives. Ce qui lui est occasion, — s'élevant du particulier au général, selon une méthode dont nous verrons qu'elle lui est familière, — de nous faire entrevoir « *ce sourire qui se montre seulement sur les visages de ceux qui pendant un instant pensent aux autres, et dont la figure, alors entièrement débarrassée d'égoïsme, prend une expression vacillante et bonne* » (J. S. II, 301). On rencontre aussi dans *Jean Santeuil* d'étranges marchands :

Ces marchands qui font toujours payer moins cher qu'on ne s'y attendait, qui ne vous comptent pas la petite dépense qu'on leur occasionne en surplus en leur demandant tel ou tel supplément, de sorte que montrant un caractère noble,

Un titre du manuscrit de
Jean Santeuil

une sorte d'indépendance privilégiée dans le commerce de marchandises charmantes, ils donnent l'impression du bien-être et vous laissent, au moment où vous tirez la porte qui tinte en se fermant, l'impression d'une vie plus heureuse dont la matière est exquise et qui n'est assujettie à aucune loi triste. De sorte qu'on sort le cœur plein de sympathie et de gaieté, et que souvent on rentre un instant après, ayant été acheter pour la petite fille qui tient le comptoir à côté de son père une poupée dans le magasin de nouveautés qui à l'approche des fêtes reçoit de Provins quelques jouets. (J. S. II, 330.)

Remarquez le geste exquis, après le service reçu en toute simplicité. Voici maintenant des serviteurs bien stylés qui « *ne le réveillent pas, le laissent dormir jusqu'à midi s'il en a envie, comme un bon forestier chez qui le jeune homme de la ville descend, le laisse dormir, battant les bois pendant ce temps-là, attendant qu'on l'appelle* » (J. S. II, 385). On verra également avec quelle cruauté, afin de l'avoir toute à lui et de l'empêcher de le tromper (avec des femmes, qu'elle a tendance à préférer à lui-même et aux hommes), il séquestrera son Albertine, devenue « la prisonnière », — et pas seulement Albertine :

J'allai d'ailleurs passer un peu plus tard quelques jours à Tansonville. Le déplacement me gênait assez, car j'avais à Paris une jeune fille qui couchait dans le pied-à-terre que j'avais loué. Comme d'autres, de l'arome des forêts ou du murmure d'un lac, j'avais besoin de son sommeil près de moi la nuit, et le jour de l'avoir toujours à mon côté dans la voiture. Car un amour a beau s'oublier, il peut déterminer la forme de l'amour qui le suivra. Déjà au sein même de l'amour précédent des habitudes quotidiennes existaient, et dont nous ne nous rappelions pas nous-même l'origine. C'est une angoisse d'un premier jour qui nous avait fait souhaiter passionnément, puis adopter d'une manière fixe, comme les coutumes dont on a oublié le sens, ces retours en voiture jusqu'à la demeure même de l'aimée, ou sa résidence dans notre demeure, notre présence ou celle de quelqu'un en qui nous avons confiance, dans toutes ces sorties, toutes ces habitudes, sorte de grandes voies uniformes par où passe chaque jour notre amour et qui furent fondues jadis dans le feu volcanique d'une émotion ardente. Mais ces habitudes survivent à la femme, même au souvenir de la femme. Elles deviennent la forme, sinon de tous nos amours, du moins de certains de nos amours

*Le château de Tansonville,
aux environs d'Illiers
(Combray).*

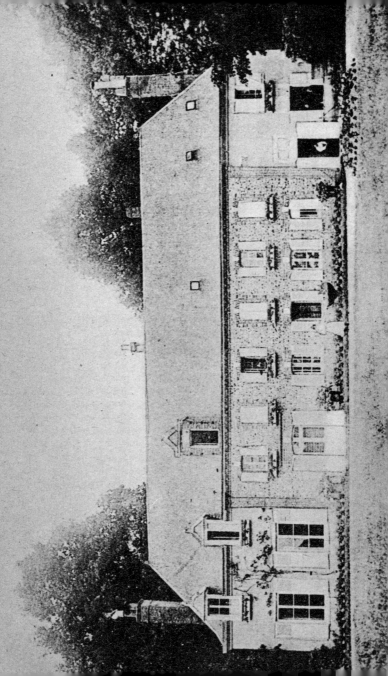

qui alternent entre eux. Et ainsi ma demeure avait exigé, en souvenir d'Albertine oubliée, la présence de ma maîtresse actuelle, que je cachais aux visiteurs et qui remplissait ma vie comme jadis Albertine. Et pour aller à Tansonville, je dus obtenir d'elle qu'elle se laissât garder par un de mes amis qui n'aimait pas les femmes... (A. D. 345-346.)

Mais ici, le despote a cessé d'être aimé...

Signalons, en passant, le thème que revoici :

Car à l'être que nous avons le plus aimé nous ne sommes pas si fidèles qu'à nous-même, et nous l'oublions tôt ou tard pour pouvoir — puisque c'est un des traits de nous-même — recommencer d'aimer. Tout au plus, à cet amour celle que nous avons tant aimée a-t-elle ajouté une forme particulière, qui nous fera lui être fidèle même dans l'infidélité. Nous aurons besoin, avec la femme suivante, des mêmes promenades du matin ou de la reconduire de même le soir, ou de lui donner cent fois trop d'argent. (T. R. II, 64.)

Thème où se trouve reprise une notation relative non plus au narrateur, mais à Swann :

Swann aimait une autre femme, une femme qui ne lui donnait pas de motifs de jalousie mais pourtant de la jalousie parce qu'il n'était plus capable de renouveler sa façon d'aimer et que c'était celle dont il avait usé pour Odette qui lui servait encore pour une autre. Pour que la jalousie de Swann renaquît, il n'était pas nécessaire que cette femme fût infidèle, il suffisait que pour une raison quelconque elle fût loin de lui... (J. F. I, 131.)

Car un amour a beau s'oublier, il peut déterminer la forme de l'amour qui suivra... Mais ceci est une autre histoire, une histoire d'amour dont il est encore un peu trop tôt pour parler. Achevons, en attendant, le portrait commencé. Il serait incomplet si nous ne signalions dès maintenant le rôle de la bonté dans la vie et dans l'œuvre de Marcel Proust. Malgré un certain penchant à la cruauté et au sadisme, il avait ce qu'on appelle le cœur tendre. Et non pas seulement par cet excès de sensibilité où l'affection débordante pour autrui n'est qu'une nouvelle forme de l'égoïsme. Il était généreux et serviable, et sa correspondance en témoigne à mainte reprise.

Il écrit par exemple, à son amie Mme C... :

Je me trouve dans l'obligation morale de secourir une grande infortune. Or mes propres besoins dépassant mes revenus qui, comme je vous l'ai raconté, je crois, sont excessivement réduits, je me suis aussitôt rappelé que vous m'aviez dit quand je vous ai vue il y a deux ans dans la loge de votre concierge, que mes quatre fauteuils et mon canapé seraient d'une bonne vente... (Lettres à Mme C..., 152.)

Et, si délicatement, à Walter Berry :

... Je veux vous demander si vous n'avez pas un chagrin auquel vous semblez faire allusion et si je ne pourrais pas (sans me douter de la personne qui le cause, mais je trouverais toujours bien une voie pour aller à elle) le faire cesser. (...) Toujours incapable d'arriver à rien quand il s'agit de moi, je fais presque toujours réussir les choses qui concernent les autres, depuis les plus frivoles jusqu'aux plus profondes... (COR. V, 62.)

Proust comprenait les autres *par l'intérieur*, et ceux-là même qu'il n'aimait pas. Si un dreyfusard (donc un de ses « amis ») insulte le général Mercier, il ne peut se réjouir vraiment :

Ce serait d'un comique inouï si le journal ne disait : « Le général Mercier très pâle... Le général Mercier encore plus pâle... » C'est horrible à lire, car, dans l'homme le plus méchant, il y a un pauvre cheval innocent qui peine, un cœur, un foie, des artères où il n'y a point de malice et qui souffrent. Et l'heure des plus beaux triomphes est gâtée parce qu'il y a toujours quelqu'un qui souffre...

L'extrême générosité de Marcel Proust tournait à la prodigalité. André Maurois publie une lettre à sa mère [1] qui, lorsqu'il était encore assez jeune pour ne point s'en formaliser, contrôlait ses moindres dépenses :

Tu m'as envoyé avant-hier matin 300 francs. Avant-hier, je n'ai pas dépensé un centime ; hier, j'ai dépensé l'aller et retour de Thonon (2 francs 10) et, le soir, voiture pour les Brancovan (7 francs, pourboire compris). Mais j'ai payé, sur ces 300 francs : 1° une note de 167 francs ; 2° une note

---

1. Inédit, de Mme Gérard Mante-Proust.

de 40 francs, pharmacie, ouate, etc., qu'on avait portée sur le livre, quoique je paie les choses moi-même, mais par suite de choses que je t'expliquerai ; 3° 10 francs (chiffre indiqué par M. Cottin) au garçon qui me montait, le matin, mon café de la cuisine ; 4° 10 francs au chasseur dit de l'ascenseur, à cause des nombreuses choses qu'il me faisait, chiffre indiqué par le jeune Galand. J'oublie, en ce moment de hâte, quelque chose. Mais cela fait déjà, si je ne me trompe, 167 + 40 + 10 + 10 + 9,10 = 236,10, d'où il devrait donc me rester seulement 300 — 236,10 = (si j'ai bien compté) 63,90... Tout l'essentiel est dit. A demain la causerie et la tendresse. Mille baisers. (A la recherche de Marcel Proust, 74.)

Ces textes sont de bons exemples de la minutie extrême de sa correspondance, dont la complication est à l'image de son esprit. Mais ils sont, pour lui, d'une clarté et d'une concision exceptionnelles. A force de se vouloir précis il y accumulait le plus souvent les détails inutiles, si bien qu'il était difficile de suivre sa pensée. Et ces lettres dont il affirmait — plus tard, lorsqu'il fut devenu un grand malade — qu'elles lui coûtaient des journées de fièvre, il semblait incapable de les achever, son style épistolaire se faisant remarquer par une sorte d'incontinence toute féminine. Pour en revenir à sa prodigalité et à sa bonté, il faut citer un passage de *Jean Santeuil* qui montre à quel point Marcel Proust était lucide sur son propre cas :

Jean alla dire adieu à la mer, puis il dit adieu à l'aubergiste, à la servante, la chargea de dire adieu au mousse qui l'avait si souvent conduit et qui, à cette heure, était à la pêche. A tous, il dit qu'il reviendrait l'année suivante, parla même de rester plus longtemps. Des choses qu'il avait tant aimées, à l'adoration desquelles il avait consacré pendant deux mois toutes ses heures, il ne pouvait penser que c'était maintenant de la tendresse à jamais perdue, que c'était fini. Et à des gens qui lui témoignaient de l'amitié il n'aurait pas su comment dire adieu pour toujours. Réveillon l'empêcha de donner tout ce qu'il avait d'argent sur lui, mais ne put le retenir de laisser plus d'une centaine de francs à ces gens. Il répéta qu'il ne resterait peut-être pas six mois sans revenir, pour s'excuser du peu qu'il donnait et que cela parût seulement le commencement d'un présent qu'il augmenterait chaque année. (J. S. II, 208.)

Un autre texte montrera la permanence chez Marcel Proust de cette bonté, beaucoup moins superficielle et veule qu'elle avait pu le paraître aux jours faciles et comblés de son adolescence :

A l'heure du dîner les restaurants étaient pleins et si, passant dans la rue, je voyais un pauvre permissionnaire, échappé pour six jours au risque permanent de la mort, et prêt à repartir pour les tranchées, arrêter un instant ses yeux devant les vitrines illuminées, je souffrais comme à l'hôtel de Balbec quand les pêcheurs nous regardaient dîner, mais je souffrais davantage parce que je savais que la misère du soldat est plus grande que celle du pauvre, les réunissant toutes, et plus touchante encore parce qu'elle est plus résignée, plus noble, et que c'est d'un hochement de tête philosophe, sans haine, que, prêt à repartir pour la guerre, il disait en voyant se bousculer les embusqués retenant leurs tables : « On ne dirait pas que c'est la guerre ici ». (T. R. I, 58-59.)

Il y a dans *A la recherche du Temps Perdu* un personnage que sa bonté sauve de l'avilissement moral où sa nature tend à le faire glisser, — le baron de Charlus, dont Swann pensait un jour :

Ce qui empêche les hommes de faire du mal à leur prochain, c'est la bonté (...) ; il ne pouvait au fond répondre que de natures analogues à la sienne, comme était, à l'égard du cœur, celle de M. de Charlus. La seule pensée de faire cette peine à Swann eût révolté celui-ci. Mais avec un homme insensible, d'une autre humanité, comme était le prince des Laumes, comment prévoir à quels actes pouvaient le conduire des mobiles d'une essence différente. Avoir du cœur, c'est tout, et M. de Charlus en avait. (Sw. II, 191.)

Et le violoniste Morel :

Quelles qu'eussent été ses relations exactes avec le baron, il avait connu de lui ce qu'il cachait à tant de gens, sa profonde bonté. M. de Charlus avait été avec le violoniste d'une telle générosité, d'une telle délicatesse, lui avait montré de tels scrupules de ne pas manquer à sa parole, qu'en le quittant l'idée que Charlie avait emportée de lui n'était nullement l'idée d'un homme vicieux (tout au plus considérait-il le vice du baron comme une maladie) mais de l'homme ayant le plus d'idées élevées qu'il eût jamais connu, un homme d'une sensibilité extraordinaire, une manière de saint. (T. R. II, 99.)

Quoi qu'il en soit du baron de Charlus, et de ses vices, Proust alla un jour jusqu'à déclarer qu'un écrivain, s'il n'est pas bon, ne peut avoir du talent. A Mme C... il affirme même que *« le cœur est la dimension suprême de l'intelligence »* (Lettres, 198). En effet c'est la bonté qu'il chérit plus que tout en ses amis. Chez Reynaldo Hahn, par exemple, dont il écrit à Lucien Daudet : « *Vraiment Reynaldo est un roc de bonté sur lequel on peut bâtir et demeurer. Et de la bonté vraie.* » Et, une autre fois, faisant allusion à la vie du front :

Je suis bien attristé des lettres que je reçois de Reynaldo, non qu'elles ne soient le courage même en ce qui le concerne, mais cette chose qu'on dit bêtement parce qu'elle ne s'applique pas, est vraie pour lui, que c'est « un cœur trop bon », trop tendre, pour voir souffrir et mourir sans cesse à côté de lui, et cette tristesse a pris chez lui des proportions que je n'ai d'abord pas comprises, et qui maintenant me rendent malheureux. (Autour de soixante lettres de Marcel Proust, 107 et 113.)

A la bonté de Reynaldo Hahn, c'est la bonté de Marcel Proust qui répond ici.

Reynaldo Hahn au front.

UN JEUNE HOMME SÉDUISANT
MAIS DÉJA MENACÉ

Au départ, il y a chez Marcel Proust une capacité de jouir qui est à la mesure de son pouvoir de souffrir, — c'est-à-dire démesurée. Tous les sens participent en lui (dans cette période où sa santé est encore peu atteinte) à la même fête continue, qui va des plaisirs de la gourmandise à ceux du sommeil, en passant par tous les autres. Et, souvent, par tous les autres — ou du moins par de nombreux autres — à la fois. Ces plaisirs, il les revivra en écrivant *A la recherche du temps perdu*, où le charnel, pour devenir intellectuel, n'en restera pas moins, d'une certaine façon, voluptueux. Cette sensualité flamboyante se dévoile naturellement bien plus dans *Jean Santeuil* que dans la suite de l'œuvre. Nombreux y sont les passages tels que celui-ci :

Le joli musée qu'un dîner, quand ce goût d'eau de mer, dont, dans notre ville du milieu des terres, nous rêvions jusqu'à le sentir, nous est présenté (avec les huîtres) presque facile à toucher, humide à la fleur de la coupe argentée et pierreuse, quand la couleur du vin brille comme la couleur d'un tableau sous la protection transparente du verre, quand les plats apportés sans relâche (...) sur la table éblouissante nous donnent, en une heure, la sensation pleine et directe de ces divers chefs-d'œuvre dont le désir de l'un suffit à remplir de charme une heure oisive et d'appétit. (...) Ainsi vous n'avez pas seulement les huîtres que vous désiriez, ces huîtres sorties de la mer. Mais c'est tout un musée qui se déroule devant vous, et où chaque chef-d'œuvre excite les désirs qui ont en lui sa satisfaction, comme ce noir chevreuil, aux chairs brunes, chaudes, marinées, sur lesquelles la gelée de groseille va jeter une nappe fraîche et fleurie, tandis qu'au hasard d'une

*libre causerie, vous sentirez les compagnons en linge blanc,
les compagnes décolletées de cette séance artistique vous
devenir plus chers que toute votre vie passée laissée à la porte
de cette salle claire et chaude, et que chaque mouvement de
votre bras (...) vous donnera une sensation délicieuse comme
si l'élément dans lequel vous vous mouviez, esprit et corps,
était un élément nouveau de plaisir, élément exaltant et
corrupteur, où vous vous sentirez toutes les audaces, aucun
scrupule et l'entier oubli de vos devoirs d'avant.* (J. S. II,
316, sqq.)

Texte confus, puisqu'il s'agit précisément de ce qu'on
appelle un informe brouillon (que des coupures nous ont
toutefois permis de clarifier tant soit peu), mais révé-
lateur, quant au fond, de cette boulimie sensuelle qui
non seulement fait goûter au jeune Santeuil toutes les
sensations jusqu'à leur tarissement, mais réussit encore
à les faire en quelque sorte rebondir l'une sur l'autre
après épuisement, afin de découvrir du jamais éprouvé,
« *un élément nouveau de plaisir* ». Et voici encore, quelques
pages plus loin :

*Le glissement et le fri-fri du beurre dans la poêle n'auraient
pas excité un frétillement plus voluptueux dans son estomac
vide que la complainte de la pluie coulant le long des toits,
et auquel son esprit n'était attentif un instant que pour
mieux se reporter à la bonne omelette parsemée de lard qu'on
allait apporter tout à l'heure dans la salle à manger. Il
allait descendre, et en l'attendant, se chauffer à la grande
cheminée en riant, en disant à Henri :* « Comme j'ai froid »,
*en sautant de joie et en regardant en se frottant les mains de
bien-être la campagne désolée sous la pluie ruisselante et
le ciel noir. (...) Mais Jean cependant s'arrêtait, ne voulant
rien perdre de ce bruit délicieux du vent, comme nous res-
pirons avec délices l'odeur de la fleur d'oranger, comme nous
regardons indéfiniment les belles couleurs de la mer, du haut
de la falaise, par une après-midi radieuse, quand nos yeux
s'enchantent de tout le soleil dissous dans la mer en riches
nuances bleues, prenant par surcroît celui qui y étincelle
en brillantes paillettes lumineuses, allant même butiner sur
la voile éclatante et sur la proue brillante le soleil qui imbibe
l'une et mouille l'autre, semblant devenir aussi heureux
que la mer, se pénétrer comme elle du bonheur de ce beau jour.*
(J. S. II, 331 sqq.)

Du plaisir nous sommes passés ici au bonheur. Première indication de ce qui nous apparaîtra comme une constante de la vie intérieure de Marcel Proust, — et de sa transposition romanesque. Ce qu'il importe déjà de remarquer, c'est l'orchestration en une même symphonie de plaisirs alertant des sens différents et touchant, à la limite, aux émotions les plus raffinées de l'esprit. Plus élaborée, cette méthode deviendra chez Marcel Proust non moyen plus grand de jouissance (tout au moins physique) mais moyen de plus grand art. L'un de ses procédés familiers, pour rendre ses sensations dans toute leur complexité, sera, en effet, l'appel simultané aux témoignages de sens autonomes. Par exemple ceci, dans *Jean Santeuil*, où la vue et l'odorat interviennent ensemble pour composer une impression unique :

Telle il a vu la tête délicate d'un jeune lilas, peinte avec cette fraîcheur inexprimable dont son parfum donne brusquement l'idée avec un charme inouï, sans qu'on puisse l'approfondir.

De même Swann sera-t-il, par la petite phrase *aérienne et odorante* de la sonate de Vinteuil, mis en présence d'une énigme (Sw. I, 293). Approfondir le charme des lilas ou d'un thème musical, plus généralement approfondir chacune de ses impressions un peu vives et graves, sera le but de toute l'existence d'artiste de Proust. En attendant, il décrit — le mieux possible. Ce qui, pour nous en tenir aux lilas (Vinteuil viendra en son temps), donne par exemple :

Après les premiers buissons de boules de neige, le lilas mêlait de temps en temps à son feuillage sombre, ses fleurs de fine mousseline aux étoiles brillantes que Jean rien qu'en les touchant faisait tomber, s'émiettant et répandant une bonne odeur comme de la pâtisserie. Partout, nées de la terre, sorties de l'écorce, posées sur l'eau, de molles créatures vivaient dans leur parfum, laissant flotter leur ravissante couleur. Cette douce couleur mauve qui, après la pluie, dans un arc qui semble tout voisin mais qu'on ne saurait approcher, se montre à nous dans le ciel, entre les branches, métamorphosée en molles et fines fleurs, on pouvait la regarder, l'approcher, respirer son odeur fine comme elle aux branches du lilas, l'emporter avec soi... (J. S. I, 197.)

Remarquons cette « *bonne odeur comme de la pâtisserie* » :

les comparaisons d'ordre gustatif seront fréquentes dans *A la recherche du temps perdu*. Et c'est une référence analogue que nous retrouvons dans cet autre passage (où s'amorce, à propos des épines blanches et roses, un des grands thèmes de *Swann*) :

Jean avait, entre toutes les fleurs qu'il avait devant lui sans les voir et sans les aimer, élu l'épine rose, pour laquelle, il avait un amour spécial, dont il se faisait une idée définie, dont il réclamait au jardinier une branche pour emporter dans sa chambre, et que, sitôt aperçue au fond d'un jardin ou le long d'une haie, il s'arrêtait à regarder et à désirer. Était-ce que cet arbre est plus beau que d'autres, que les fleurs si composées et si coloriées ont l'air de fleurs de fête, et qu'en effet souvent à l'église pendant le mois de Marie il en avait vu des branches coupées tout entières dans les vases de l'autel ? Était-ce qu'ayant vu auparavant de l'épine blanche, la vue d'une épine rose dont les fleurs ne sont plus simples mais composées le frappa à la fois de ces deux prestiges de l'analogie et de la différence qui ont tant de pouvoir sur notre esprit ? Mais pourtant il avait peut-être vu des églantines avant de voir des roses et n'aima jamais beaucoup les unes ni les autres. Est-ce qu'avec cette épine blanche et [cette] épine rose s'associa le souvenir de ce fromage à la crème blanc qui un jour qu'il y avait écrasé des fraises devint rose, du rose à peu près de l'épine rose, et resta pour lui la chose délicieuse qu'il jouissait le plus à manger et qu'il réclamait tous les jours de la cuisinière ? Peut-être cette ressemblance l'aida-t-elle à remarquer l'épine rose et à l'aimer et en conserva-t-elle le goût dans un impérissable souvenir de gourmandise, de jours chauds, et de bonne santé. (J. S. I, 203-204.)

Mais, de même que, sur le plan littéraire, une telle orchestration aboutit à la perfection de l'art, dans le domaine de la vie, en de rares minutes privilégiées, elle procure un plaisir si complet qu'on ne peut plus le dire uniquement sensuel :

Souvent, après un repas copieux, légèrement ivre, il prenait une voiture pour aller en soirée. Et comme un homme au milieu des spasmes de l'amour tient passionnément dans ses mains crispées les cheveux de sa maîtresse, les dentelles de sa robe, le bord du drap auquel elles se sont involontairement accrochées, ainsi ce soir-là il ne pouvait s'empêcher (...) de

*tenir la portière, et quand il avait commencé un mouvement
ne pouvait l'arrêter, comme s'il eût interrompu et violé
quelque musique intérieure frémissante en lui, et il éprouvait
une incroyable douceur à laisser aller son épaule jusqu'à
choquer la paroi du fiacre, à laisser échapper tout haut et
à entendre résonner trop fort les paroles de reconnaissance
qui lui venaient aux lèvres pour le cheval rapide qui l'entraî-
nait vers sa soirée et dont il voyait la tête sauvage et fine
secouée devant lui à travers la glace. (J. S. III, 165.)*

Il n'est pas besoin d'une ivresse artificielle pour être
initié à ce bonheur, que nous avons déjà rencontré
chez Marcel Proust sous une forme plus pure et que nous
retrouverons :

*Mais pour me contenter de distinguer les deux sortes de
dangers menaçant l'esprit, et pour commencer par l'extérieur,
je me rappelais que souvent déjà, dans ma vie, il m'était
arrivé, dans les moments d'excitation intellectuelle où quelque
circonstance avait suspendu chez moi toute activité physique, par exemple quand je quittais en voiture, à demi gris,
le restaurant de Rivebelle pour aller à quelque casino voisin,
de sentir très nettement en moi l'objet présent de ma pensée,
et de comprendre qu'il dépendait d'un hasard, non seulement
que cet objet n'y fût pas encore entré, mais qu'il fût avec mon
corps même anéanti. Je m'en souciais peu alors. Mon allégresse n'était pas prudente, pas inquiète. Que cette joie fuît
dans une seconde et entrât dans le néant, peu m'importait. Il
n'en était plus de même maintenant ; c'est que le bonheur que
j'éprouvais ne tenait pas d'une tension purement subjective
des nerfs qui nous isole du passé, mais, au contraire, d'un
élargissement de mon esprit en qui se reformait, s'actualisait
le passé, et me donnait, mais hélas ! momentanément, une
valeur d'éternité. J'aurais voulu léguer celle-ci à ceux que
j'aurais pu enrichir de mon trésor. Certes, ce que j'avais
éprouvé dans la bibliothèque et que je cherchais à protéger,
c'était plaisir encore, mais non plus égoïste, ou du moins
d'un égoïsme (car tous les altruismes féconds de la nature se
développent selon un mode égoïste, l'altruisme humain qui
n'est pas égoïste est stérile, c'est celui de l'écrivain qui s'interrompt de travailler pour recevoir un ami malheureux,
pour accepter une fonction publique, pour écrire des articles
de propagande) utilisable pour autrui. (T. R. II, 238.)*

Fernand Gregh, esquissant en 1892 un portait à la plume de Marcel Proust, écrivait : « Pour les femmes et quelques hommes, il a la beauté. (...) Il a plus que de la beauté ou de la grâce, ou de l'intelligence ; il a tout cela en même temps... » Et Anatole France, auquel le jeune Proust demandait comment il avait fait pour savoir tant de choses, répondait : « C'est bien simple, mon cher Marcel : quand j'avais votre âge, je n'étais pas joli comme vous ; je ne plaisais guère ; je n'allais pas dans le monde et je restais chez moi à lire, à lire sans relâche. » L'écrivain de *Jean Santeuil* montre de la complaisance dans l'admiration que, très visiblement, il porte à sa beauté, à son intelligence et à sa réussite mondaine. « *C'est agaçant qu'ils croient que je suis aussi intelligent que M. de Bellièvre, quand je le suis mille fois plus* », se dit avec simplicité Jean Santeuil (III, 49). Une autre fois, rentrant chez lui après avoir vu « le duc de Richmond » de Van Dyck, il se croit lui-même « *un petit duc de Richmond parce que, pensif et beau comme lui, il va se battre en duel* » (97)[1]. Ce que fit effectivement Proust, qui ne manquait pas de courage et se montrait sourcilleux quant aux choses de l'honneur. Il y aurait, en revanche, toute une étude à faire, d'après *Jean Santeuil*, sur les combats avec lui-même d'un Proust qui n'a pas encore accepté sa *différence*, qui a la nostalgie du normal, souffre de se sentir atteint dans sa réputation, etc...

Le ton très particulier de ses lettres, — dans lesquelles il se met toujours au-dessous de ses correspondants, fût-ce des moins brillants (et qu'il ne pouvait pas ne pas connaître

---

1. « Un jour, nous allâmes au Louvre. (...) Il s'arrêta longtemps devant le duc de Richmond de Van Dyck, et je lui dis que toute cette belle jeunesse dont on voit les portraits en Angleterre, à Dresde, à l'Ermitage, avait été fauchée par les Côtes de Fer de Cromwell. Nous philosophâmes sur la mort des « Cavaliers » et de leur roi Charles, et l'écho de nos pensées se retrouve dans ses vers charmants dont Reynaldo Hahn écrivit l'accompagnement sonore :

> *Tu triomphes, Van Dyck, prince des gestes calmes,*
> *Dans tous les êtres beaux qui vont bientôt mourir...* »

(Robert de Billy, *Marcel Proust : Lettres et conversations*, 29-30.)

comme tels), — se prêterait à plusieurs interprétations, depuis son vrai orgueil — jusqu'à sa non moins vraie humilité, en passant par la simple politesse. Un de ses plus vieux amis, Robert Dreyfus, commente ainsi ce trait de son caractère : « Ce ton d'humilité, alors trop fréquent chez Proust, nous agaçait tous terriblement, le rendait suspect d'insincérité. Volontiers nous disions entre nous : « Il est vraiment par trop mielleux !... » En vérité, je crois maintenant qu'il était surtout bien meilleur que nous et s'abaissait ainsi lui-même par terreur constante d'humilier autrui. » (COR. IV, 171). Il semble bien qu'on doive toutefois conclure à la présence de l'humiliation dans sa propre vie. Le texte suivant contient l'une et l'autre de ces attitudes, fondamentales chez notre auteur, — l'orgueil et l'humilité :

Jean aurait voulu rencontrer Tecmar, Riquet, tous ceux dont l'apparent triomphe sur lui l'avaient découragé. Par quelles paroles superbes et souriantes il eût fait briller devant eux sa joie, sa confiance dans son bonheur et dans sa beauté. Il se sentait en lui un bonheur à défier toute prétention d'autrui d'avoir mieux réussi que lui, d'être plus intelligent, plus heureux...

Comme un homme légèrement ivre qui en se souvenant des détails les plus insignifiants de la soirée, en remarquant les objets les plus vulgaires auprès de lui, s'en réjouit comme d'un ineffable bonheur ou les caresse comme d'incomparables amis, il pensait aux différents avantages de sa vie, immédiatement gonflés de la jouissance positive qui l'emplissait, à l'amour d'une femme telle que Françoise, aux soirées des Réveillon, des La Rochefoucauld, des Tournefort où il pouvait paraître encore, souriant et beau (comme il s'apercevait maintenant), comme à des avantages inestimables. Et, état d'esprit auquel il était conduit chaque fois qu'il pensait aux gens dont il était jaloux, dans l'impossibilité où son cœur était de se sentir vaincu et une sorte de nécessité intérieure qui le poussait au moins en imagination à leur tenir tête, il se représentait tout ce que les autres avaient et que lui n'avait pas, le talent de peintre, une situation brillante et un pouvoir effectif dans l'État, une réputation intacte, comme des biens sans importance, tellement sans importance qu'il croyait non pas s'en passer sans souffrance, mais les abandonner volontairement à ceux qui, n'étant pas

*occupés de ces sublimes jouissances (l'amour de Françoise,
l'espoir de paraître beau chez les Réveillon où Grisard
n'allait pas), pouvaient, eux, avoir le temps et le désir de
goûter ces plaisirs mesquins. Sans doute il se disait bien que
ces moments de joie où tout paraît beau, Grisard les avait
aussi, et qu'en dehors de ces instants de joie la bienfaisante
illusion que Dieu a donnée à chacun de nous lui faisait regarder les belles relations comme quelque chose d'insignifiant
dont il n'aurait pas voulu. Et même, tout d'un coup, se rappelant qu'il n'avait eu aucun droit à cette ascension dans le
monde dont il se protégeait en imagination vis-à-vis du dédain
de Grisard comme d'une supériorité qui paraissait incontes-
table à force d'être matérielle, il se demandait pourquoi
s'il le voulait Grisard n'arriverait pas à la même chose. Mais
nous aimons facilement à croire que les choses que nous dési-
rons nous arriveront en vertu d'une loi mystérieuse qui nous
favorise, que par la même loi celles que nous craignons
n'arriveront pas. Et ainsi il.lui semblait (...) que Grisard
n'aurait jamais de position mondaine. Et quant à lui, au
pouvoir politique, à la réputation intacte qu'il n'avait pas,
le désir, bien qu'il ne se l'avouât pas, qu'il en avait continuelle-
ment, lui en faisait toucher le rêve comme presque réel et
en plaçait la réalisation, sans qu'il essayât en rien de la
préparer ni de la rendre vraisemblable, dans un avenir
glorieux, indéterminé et prochain.* (J. S. III, 162-163.)

Laissons l'accumulation maladroite des *comme* (il s'agit
ne l'oublions pas, d'un brouillon), rachetée du reste par
ces trois adjectifs terminaux — qui seront, par la suite, un
des plus constants et plus heureux effets de notre auteur.
Notons la réussite mondaine de Jean Santeuil et l'importance qu'il y attache : nous y reviendrons dans un chapitre
spécial, car le snobisme et sa transmutation doivent être
comptés au nombre des éléments essentiels de l'univers
proustien. Plus intéressant encore que par la satisfaction de soi qu'il nous révèle, ce texte l'est par l'inquiétude qui s'y fait jour quant à une réputation non intacte.
Jean Santeuil a été accusé à tort de tricher au jeu. Mais
c'est là sans doute la transposition romanesque d'une
innocence moins assurée, dans un autre domaine : celui
des mœurs. Nous verrons que Marcel Proust employa,
dès *Jean Santeuil*, maints subterfuges pour déguiser sa
vraie nature. Mais revenons à ses complexes de supério-

rité et à ce qui s'y mêlait déjà d'inquiétude. Pour nous en tenir seul au tome III de *Jean Santeuil*, nous le voyons répéter, en trois pages (236-238) qu'il se trouve beau, qu'il est bien, qu'il est superbe, — sans oublier « *son orgueil d'être jeune, d'être beau, d'être puissant et d'être riche.* » P. 253, il s'aperçoit dans la glace « *plus beau que d'habitude* » ; et, p. 296, il se décrit comme « *un brillant jeune homme* » (à propos d'un portrait de lui, qui est l'équivalent du portrait réel où J.-E. Blanche nous a conservé le souvenir d'un Proust effectivement beau, élégant, jeune et brillant). Le « *souci de sa beauté* » apparaît encore quatre pages plus loin. Ce qui n'empêche pas la lucidité, notamment en ce qui concerne la déception de ses parents, qui ne peuvent plus ne point voir « *de grandes chances de malheur dans la nature de ce fils, dans sa santé, dans son caractère triste, dans sa prodigalité, dans sa paresse, dans son impossibilité de se faire une situation, dans ce gaspillage de son intelligence...* » (309).

Et c'était vrai, en effet, que Marcel Proust tout ignoré et obscur qu'il fût, exerçait sur ses proches une sorte de fascination (si bien que la plupart de ses correspondants conservèrent précieusement les lettres de cet inconnu) ; qu'il souffrait, d'autre part, de ne pouvoir matérialiser cette réussite extérieure par une œuvre qui non seulement rassurât ses parents quant à son avenir mais encore le fît atteindre à une possession moins éphémère et décevante des êtres et des choses ; enfin, qu'il se jugeait avec sévérité au nom des règles sociales en vigueur et sans chercher à se prévaloir du code personnel qu'eût exigé sa nature *autre* pour se faire véritablement accepter. Un Gide ne demande pas qu'on le pardonne mais qu'on le reconnaisse comme une puissance indépendante, qui n'a de comptes à rendre qu'à elle-même. Proust n'a pas su, ou pas osé, ou pas voulu, se solidariser avec sa différence. D'où l'inquiétude et l'inconfort, littérairement féconds, d'une vie hantée de remords. D'où, peut-être, la recherche instinctive d'une sorte de compensation dans la fréquentation des grands, ou prétendus tels, — comme s'il pouvait recueillir sur un autre plan ce qui lui manquait d'honneur selon sa propre estimation. D'où, enfin, un certain mensonge fondamental de son œuvre, où la pédérastie n'est pas assumée par lui mais attribuée à des héros extérieurs : attitude où certains voient plus une falsification qu'une

A mon cher petit Robert

Son matériellement fidèle
et tendre ami. Marcel Proust

MARCEL PROUST
PAR JACQUES-ÉMILE
BLANCHE

transposition, mais dont nous aurons à dire, au contraire, en quoi nous la tenons pour défendable.

Dans le dernier passage de *Jean Santeuil* que nous venons de citer, la santé figurait, aussitôt après la sensibilité, parmi les caractéristiques susceptibles de faire le malheur du héros et celui des siens. La vie de Marcel Proust, en effet, n'a pas cessé d'être profondément marquée par sa mauvaise santé. Dans l'Introduction de son premier livre, on trouve ces lignes :

Quand j'étais tout enfant, le sort d'aucun personnage de l'histoire sainte ne me semblait aussi misérable que celui de Noé, à cause du déluge, qui le tint enfermé dans l'arche pendant quarante jours. Plus tard, je fus souvent malade, et pendant de longs jours je dus rester aussi dans l' « arche ». Je compris alors que jamais Noé ne put si bien voir le monde que de l'arche, malgré qu'elle fût close et qu'il fît nuit sur la terre. (Les Plaisirs et les Jours.)

Texte prémonitoire, car, s'il souffrait déjà, Proust n'était pas encore le malade cloîtré qu'il allait devenir un jour — pour toujours. Enfant délicat et nerveux, il devint néanmoins très tôt ce qu'on appelle un malade. Ce ne furent d'abord, et durant un temps assez long, que des crises d'asthme espacées, mais déjà assez sérieuses pour que son existence en fût profondément marquée. Nous trouvons dans tous ses livres des traces fréquentes de cette présence de la maladie dans sa vie, — accompagnée de cette constante nostalgie : la santé. Par exemple, pour nous en tenir à *Jean Santeuil* :

Plus tard et quand il était bien jeune encore, avant la vingtième année, un asthme, des rhumatismes l'empêchèrent de jamais courir, de jamais sauter, de jamais se laisser aller à son élan de toutes ses forces. Parfois, se remémorant avec délices cette ivresse rapide qui le promenait alors comme un éclair à travers les fleurs et les branches de lilas mouillés qu'il secouait au passage, et se levant péniblement de sa chaise pour poser prudemment à terre son pied douloureux, il n'en ressentait pas d'amertume et d'envie contre l'enfant tout-puissant qu'il était alors et qu'il ne serait jamais plus. Il pensait plutôt à lui avec une tendresse douce comme à la

*force d'un fils dont on est fier, et plus encore peut-être qu'on
ne fait pour un fils dont on n'a jamais aussi intimement
pénétré la vie, il revivait ces heures et s'enchantait avec
mélancolie de leur douceur.* (J. S. I, 175-176.)

*... Car le sommeil, la nourriture, la mer, le vent, nous les
aimons avec notre imagination pour tout ce qu'ils représentent
de force et de douceur pour nous. Et ce n'est que dans la
vie des animaux que nous pouvons les envisager tout purs,
remplissant la vie tout entière. Mais nous en jouissons plus
qu'eux, dans ces heures où digérant au soleil nous regardons
le ciel et la mer, où nous nous endormons en plein air au cri
des mouettes et nous retournons sur le sable pour nous ren-
dormir encore, où notre esprit vide, notre corps heureux
semblent délivrés de tous les soucis, car nous en jouissons
en même temps par l'imagination et nous en jouissons d'autant plus si nous sommes de ceux pour qui le sommeil est rare,
une digestion qui vous absorbe tout entier chose aussi rare,
et la vue de la mer et du ciel et le cri des mouettes. Ce n'est
que pour le penseur et pour le malade que la vie animale a
tous ces enivrements.* (J. S. II, 192.)

Il serait facile de citer bien d'autres allusions analogues
dans *A la recherche du temps perdu*, où les « *jeunes filles
en fleurs* » sont, par exemple, « *comme une simple objecti-
vation irréelle et diabolique du tempérament opposé au sien,
de la vitalité quasi barbare et cruelle dont étaient si dépourvus sa faiblesse, son excès de sensibilité douloureuse et d'in-
tellectualité* » (J. F. III, 121). Au début du *Temps retrouvé*,
on voit le narrateur, — un moment inquiet d'avoir
insuffisamment observé les personnes intéressantes qu'il
a rencontrées, — « *enrager d'être malade et de ne pouvoir
retourner voir tous les gens qu'il avait méconnus* ». Mais ces
êtres ne tenant leur prestige que d' « *une magie illusoire
de la littérature* » (plus précisément du *Journal* des
Goncourt, où se trouve ennoblie et artificiellement *mise
en scène* une réalité fort banale), le narrateur « *se console
de devoir, un jour ou l'autre, à cause des progrès que faisait
son état maladif, rompre avec la société, renoncer au voyage,
aux musées, pour aller se soigner dans une maison de santé* »
(T. R. I, 42). Maison de santé où nous le voyons en
effet faire un séjour de plusieurs années, transposition romanesque d'une longue retraite en son appartement parisien du 102 boulevard Haussmann, qui — plus

encore peut-être que par la maladie — était motivée
par la rédaction de son grand livre enfin commencé,
poursuivi, mené près de son terme : *A la recherche du
temps perdu.*

Marcel Proust malade, et totalement voué à l'œuvre
gigantesque qu'il avait entreprise, ne pouvait vivre que
dans une chambre hermétiquement close, les fenêtres
fermées en toute saison et à toute heure. Des plaques de
liège posées sur les murs étouffaient les derniers bruits,
les ultimes rumeurs de la vie. On comprend, certes, que
l'asthmatique ait tenu à préserver son organisme ultra-
sensible ; et que le travailleur ait eu besoin d'un silence
complet. Mais, indépendamment de la maladie et du travail, nous découvrons chez Marcel Proust, dès le temps
de son oisiveté et de sa (relative) santé, le goût des pièces
closes, la nostalgie du « fermé », le besoin de se sentir à
l'abri, protégé de tous côtés par des obstacles matériels.
Claustrophilie dont nous trouvons des exemples dès
Jean Santeuil :

*Jean resta une fois à coucher à l'hôtel d'Angleterre. Pour
la première fois de sa vie dans une chambre nouvelle il ne
fut pas angoissé, pas triste. Comme il entrait et la mort dans
l'âme allait poser ses affaires, un petit fauteuil les reçut
dans ses bras de bois blanc et les garda gentiment près de lui.
Une table attendait, l'encrier tendu, qu'il voulût écrire. La
double porte s'était refermée et la tenture ayant fait faire le
silence avait comme éloigné tous les autres si loin, qu'il avait
envie de sauter de joie et d'embrasser à travers la molle
tenture la petite porte close sur laquelle il pouvait compter
pour ne plus se rouvrir. (...) Les murs qui semblaient contenir
tendrement la chambre, l'isoler du reste du monde, qu'on
voyait là tout près, s'occupant de vous, veillant sur vous,
tournant vivement aux angles pour faire place à la table,
aux fauteuils, ou s'effaçant devant la petite bibliothèque,
s'écartaient en même temps des deux côtés au fond de la
chambre pour laisser l'espace au lit qui se trouvait ainsi
accueilli dans une sorte d'alcôve mais nullement perdu tant
les murs en s'écartant s'éloignaient peu, comme disant « Je
suis toujours là », le laissaient bien dans la chambre tout de
même et derrière même le serraient de près comme pour mieux
le maintenir dans la chambre (....) Non loin de la cheminée
une petite porte était presque à portée de sa main quand il*

*se déshabillait. Elle ouvrait sur trois petites pièces qui avaient
tout ce qu'il fallait pour lui rendre tous les offices qu'il pouvait souhaiter. Mais elles étaient toutes petites, de façon
qu'on sentait bien qu'on restait toujours dans la chambre dont
on pouvait s'isoler en fermant la porte, mais qu'enfin on y
était toujours, qu'on n'entrait pas dans un nouvel endroit,
qu'aucune porte, aucun escalier, ne pouvait conduire là qui
que ce fût, que c'était l'extrémité de ce petit monde clos et
qu'âme qui vive ne pouvait par ce côté-là en approcher.
Quand Jean avait fermé la petite porte lui montrant le passage
de sa chambre sur ces trois petites pièces, laquelle petite porte
se refermait discrètement et restait là attendant qu'il voulût
sortir, il allait à la troisième minuscule pièce qui donnant
aussi sur les deux premières était assez longue. Mais s'il
préférait qu'elle fût plus étroite et se sentir plus isolé de tout
ce qui l'attendait dans sa chambre, il pouvait en fermant la
deuxième petite porte lui donner seulement l'espace de deux
petites pièces, ou en fermant la troisième seulement l'exiguïté
d'une seule. (...) Ainsi close, cette petite pièce ressemblait à
une petite cellule où il serait venu se livrer à quelque exercice
solitaire. Et ainsi il y avait un sentiment exalté, presque
désordonné de sa puissance et de son isolement. Tantôt
tout était fermé du sentiment qu'à cause de cela personne
n'y pourrait entrer, tantôt tout était ouvert du sentiment que
malgré cela personne n'y pourrait entrer. Là, il aurait pu
en toute sécurité cacher des secrets ou commettre des crimes.
Les murs pas trop espacés, les plafonds pas trop hauts se
tenaient toujours près de lui, jolis à voir, doux à toucher, le
protégeant, faisant le silence et l'isolement autour de lui (...)
Et l'hôtel attenant à une vieille maison du XIVe siècle, la
fenêtre donnait sur une de ces petites cours fermées de tous
côtés par des maisons, où le regard était aussi étroitement
enfermé par de beaux porches, de larges fenêtres... (J. S. II,
278 sqq.)*

On trouvera dans *Le côté de Guermantes* un passage
analogue, né évidemment des mêmes souvenirs : « *Les
murs étreignaient la chambre, la séparant du reste du monde,*
[etc...] » (I, 105 sqq.). Car *Jean Santeuil*, — nous l'avons
déjà signalé et le vérifierons souvent, — est une première
orchestration des thèmes qui seront repris, amplifiés
et approfondis dans *Le temps perdu*. Cette instinctive
claustrophilie, un autre passage du roman inachevé

en fournit une nouvelle illustration. Jean Santeuil
évoque...

*... le gai retour dans sa chambre en sentant un sourire de
bonheur ruisseler sur sa figure, en ne pouvant pas s'empêcher
de sauter de joie à la pensée du grand lit chaud de notre
chaleur, du feu brûlant, de la boule, des édredons et des couvertures de laine qui ont passé leur chaleur au lit dans lequel
nous allons nous couler, nous murer, nous fortifier, nous cacher
jusqu'à la figure, comme contre des ennemis qui frapperaient
au-dehors et dont nous nous égaierions de penser qu'ils ne
nous attraperont pas, ne savent pas où nous sommes tant nous
sommes bien tapis, riant du grand bruit que fait le vent
heurtant au-dehors, montant par toutes les cheminées à tous
les étages du château, perquisitionnant à tous les étages,
essayant toutes les serrures, et quand nous sentons son froid
qui nous arrive, refermant bien nos couvertures, nous glissant
encore un peu plus à fond, saisissant notre boule avec nos pieds,
la remontant trop haut, pour que quand nous la ferons redes-
cendre, le lit, à cette place-là soit tout brûlant, nous cachant
jusqu'à la figure, nous pelotonnant, nous retournant, nous
enfermant, nous disant : la vie est bonne...* (J. S. II, 302.)

Un jour que Marcel Proust se promenait avec Reynaldo
Hahn — qui nous a raconté la scène — et alors qu'ils
venaient de passer devant une bordure de rosiers, il s'arrêta soudain et dit à son ami : « Est-ce que ça vous fâche-
rait que je reste un peu en arrière ? Je voudrais revoir
ces petits rosiers... » Reynaldo Hahn le laissa à sa contemplation, fit un assez long tour, revint et retrouva Proust
dans la même attitude : « La tête penchée, le visage grave,
il clignait des yeux, les sourcils légèrement froncés, comme
par un effort d'attention passionnée, et, de sa main gauche,
il poussait obstinément entre ses lèvres le bout de sa petite
moustache noire qu'il mordillait. Je sentais qu'il m'entendait venir, qu'il me voyait, mais qu'il ne voulait ni parler
ni bouger. Je passai sans prononcer un mot. Une minute
s'écoula, puis j'entendis Marcel qui m'appelait. Je me
retournai ; il courait vers moi. Il me rejoignit et me
demanda « si je n'étais pas fâché ». Je le rassurai en riant
et nous reprîmes notre conversation interrompue. Je ne
lui adressai pas de questions sur l'épisode des rosiers.
Je ne fis aucun commentaire, aucune plaisanterie ; je
comprenais obscurément qu'il ne fallait pas... »

REYNALDO HAHN

A quoi répond cette page des *Jeunes filles en fleurs* où l'on voit Andrée, « *avec une divination charmante* », laisser le narrateur interroger un buisson d'aubépines. (J. F., III, 208.) Cette sorte d'*attention*, Proust lui-même la décrit encore dans *Albertine disparue*, où il nous montre son héros « *ayant pris racine*, [contemplant des passantes] *avec ces regards qui, par leur fixité impossible à distraire, leur application comme à un problème, semblent avoir conscience qu'il s'agit d'aller bien au delà de ce qu'on voit* » (199-200). C'est parce qu'il avait considéré de cette manière, du temps qu'il pouvait sortir, les fleurs — et les jeunes filles en fleurs, — que Proust, coupé du monde extérieur par la maladie, le retrouva en lui. Il n'avait dès lors plus qu'à l'observer à loisir dans la chambre noire de sa mémoire et à le décrire. S'il lui manquait un détail, il risquait une sortie, contemplant par exemple le printemps à travers les vitres hermétiquement closes d'une voiture ; ou, plus souvent, interrogeait tel ou tel de ses amis, selon sa spécialité : Jean-Louis Vaudoyer s'il s'agissait de peinture, Reynaldo Hahn pour la musique, Mme Strauss ou Mme Catusse lorsqu'il avait besoin d'un renseignement relatif aux modes d'autrefois ou d'aujourd'hui. Mais, presque toujours, il avait tout emmagasiné en lui, au cours de ses années d'apparent désœuvrement. Et si parfois quelque mot technique lui faisait défaut pour s'exprimer en toute rigueur, du moins savait-il très exactement, et dans les plus subtiles nuances, ce qu'il avait à dire. Son ami Robert de Billy écrit que Proust « l'interrogeait sur ce qui l'avait frappé, cherchant toujours comment désigner par le mot propre une aiguière, une œnochoé, une monstrance » (*Lettres et conversations*, o. c., 78).

De même Marcel Proust écrivait-il à Lucien Daudet :

J'ai même failli mille fois vous ennuyer pendant la fabrication de mon livre. Car nous avons ceci de spécial, que je suis la seule personne qui aie besoin de connaissances précises, de savoir exactement les choses dont je parle — et que vous êtes la seule qui les sachiez. Et sans doute vous écrire m'eût épargné les correspondances interminables que j'ai eues avec des horticulteurs, des couturiers, des astronomes, des héraldistes, des pharmaciens, etc. et qui ne m'ont servi à rien et qui, peut-être, leur ont servi à eux, car j'en savais un tout petit plus qu'eux... (Autour de soixante lettres de Marcel Proust, 64.)

Mon cher petit, il est 2h du matin et c'est stupide que je parte demain mais je t'aime bien tout de même

Reutlinger

Paris 8-9- 1902.

Lucien Daudet

LUCIEN DAUDET

Au besoin, il surmonte sa fatigue et accepte de se déranger, mais il faut que ce qu'il veut aller admirer (pour enrichir son livre) en vaille la peine. Il écrit, par exemple, à Jean-Louis Vaudoyer :

Si jamais je pouvais quitter Paris et mon lit, je vous demanderais de me dire deux ou trois choses situées où vous voudriez — mais sublimes. Et j'irais les voir. (COR. IV, 47.)

Cependant, sa maladie s'aggravait. Dès 1905, il pouvait écrire à Mlle de Mornand :

Ma petite Louisa, je mène une vie fantastique. Je ne sors plus jamais, je me lève vers onze heures du soir quand je me lève ; ce qui me console que vous ne soyez pas à Paris c'est que si vous y étiez je ne vous verrais jamais ; toujours à la merci d'une crise imprévue, je n'ose plus donner aucun rendez-vous. Enfin une vie charmante. (COR. V, 161.)

Ses amis, lorsqu'il voulait et pouvait les voir, il devait en effet les faire chercher très tard dans la soirée, — si tard que, bien souvent, ils n'étaient plus libres. A la même Louisa de Mornand, il écrit encore :

...Autre question qu'il est enfin temps de résoudre : « Continuerai-je jusqu'à ma mort à mener une vie que même des malades gravement malades ne mènent pas, privé de tout, de la lumière du jour, de l'air, de tout travail, de tout plaisir, en un mot de toute vie. Où vais-je trouver un moyen pour changer ? » Je ne peux plus ajourner la réponse, car ce n'est pas seulement ma jeunesse, c'est ma vie qui se passe... (Ibid., 165.)

Contrairement à ce qu'il dit ici, il s'est enfin mis au travail. Mais quant à la gravité de son mal, que ses amis continuent de ne pas prendre au sérieux, il ne se fera désormais plus d'illusions. En 1908, il écrit à George de Lauris :

Maintenant, ce n'est plus toutes les vingt-quatre heures que je mange, c'est (pas encore régulièrement, mais bien souvent), comme les vingt-quatre heures ont commencé, toutes les quarante-huit heures. Et chaque fois la moitié de ce que je prenais avant. Depuis que je suis revenu de Cabourg je me suis levé trois fois, je dîne à minuit, une heure, et voilà que je veux me mettre à écrire quelque chose. Mais j'ai si mal à la tête que je doute. J'avais pourtant besoin, fût-ce

LOUISA DE MORNAND

à trois heures du matin, de sortir pour qu'on puisse faire ma chambre qui défie toute description. Mais ces brouillards ont rendu ça impossible... (Ibid., 155-156.)

Évidemment, on ne le prenait pas au sérieux. Ce dont il ne manquait pas de se rendre compte, commençant par exemple en ces termes une lettre à Marie Nordlinger :

Les mots j'ai été si malade, je suis encore si malade, ont été si souvent prononcés par moi, avec signification d'un état presque habituel, douloureux, mais n'excluant pas la possibilité, de temps à autre, de relations épistolaires, que j'ai bien peur qu'ils n'arrivent décolorés et sans force excusatrice et absolvante à vos oreilles trop accoutumées (je ne veux certes pas dire incrédules). Et pourtant c'est cela ; j'ai été terriblement souffrant, presque constamment alité et sans force d'entretenir avec mes amis des relations autres qu'immatérielles, d'amitié et de souvenir... (Lettres à une amie, 81.)

On imagine le sourire de Paul Morand, au reçu de la lettre suivante, — prototype de la plupart des lettres de Proust :

Tout ce que je puis vous dire, c'est que je me leverai probablement demain samedi ou après-demain dimanche. Si je me lève demain samedi, je vous ferai dire que sûrement je ne pourrai pas me lever dimanche. Si je ne me lève pas demain samedi (ce qui ne veut pas dire que je serai bien dimanche), si je suis en état de me lever dimanche, je ferai à tout hasard téléphoner à un des trois chasseurs de Larue que je connais, Louis, Paul ou Alfred, car je ne connais pas le quatrième nouveau, pour vous demander si vous me permettez de venir vous dire bonsoir après le dîner. Comme c'est très incertain, ne combinez rien à cause de moi, et surtout ne choisissez pas à cause de moi Larue que je ne préfère aucunement à un autre endroit... (Le visiteur du soir, 38-39.)

Fragment d'une lettre inédite à François Mauriac. («... *pénible état de santé où je suis, une lettre me coûte des semaines de souffrance. Et je pense que vous avez reçu mes lettres. Aussi, m'excuserez-vous de vous dire si brièvement mon admirative sympathie. Marcel Proust.* »)

LE GOUT, LA PARESSE
ET LA HANTISE D'ÉCRIRE

Pour l'enfant et l'adolescent Marcel Proust, la littérature est la forme la plus accomplie de la vie, — la seule, à vrai dire, qui lui donne valeur et sens. Cela commença par un amour de la lecture qui, en tant que thème littéraire, devait le hanter fréquemment sa vie durant, car on le retrouve dans tous ses livres[1]. Sa vocation d'écrivain naît très tôt, ainsi qu'en témoigne, dans *Swann*, le fameux passage sur les *clochers de Martinville*, que l'on trouvera cité plus loin mais dont nous pouvons déjà présenter cet équivalent : « *Le toit de tuiles faisait dans la mare* (...) *une marbrure rose à laquelle je n'avais encore jamais fait attention. En voyant sur l'eau et à la face du mur un pâle sourire répondre au sourire du ciel, je m'écriai dans mon enthousiasme, en brandissant mon parapluie refermé : Zut ! zut ! zut ! zut ! Mais en même temps, je sentis que mon devoir eût été de ne pas m'en tenir à ces mots opaques et de tâcher de voir plus clairement dans mon ravissement...* » Nous saisissons là une nostalgie d'élucidation et de mise en forme qui est le propre des artistes, notamment de l'écrivain que deviendra Marcel Proust et qu'au moment déjà où il situe cette scène il souffre obscurément de n'être pas.

Dès l'époque où il essaya d'exprimer de façon un peu moins sommaire ce que la vue des clochers de Martinville lui avait fait éprouver, le narrateur sut qu'il n'y avait pas de véritable littérature sans un pénible défrichement de terrains non encore exploités. A propos de Bergotte, qu'il a beaucoup admiré et qu'il admire moins, il précise sa pensée en en inférant de la littérature à l'art :

1. *Pastiches*, 225-272 ; *J. S.* I, 172-180 ; *Sw.* I, 119-126 ; *Chroniques*, 83-91.

Les visites [que Bergotte] *nous faisait maintenant venaient pour moi quelques années trop tard, car je ne l'admirais plus autant. Ce qui n'est pas en contradiction avec ce grandissement de sa renommée. Une œuvre est rarement tout à fait comprise et victorieuse, sans que celle d'un autre écrivain, obscure encore, n'ait commencé, auprès de quelques esprits plus difficiles, de substituer un nouveau culte à celui qui a presque fini de s'imposer. Dans les livres de Bergotte, que je relisais souvent, ses phrases étaient aussi claires devant mes yeux que mes propres idées, les meubles dans ma chambre et les voitures dans la rue. Toutes choses s'y voyaient aisément, sinon telles qu'on les avait toujours vues, du moins telles qu'on avait l'habitude de les voir maintenant. Or un nouvel écrivain avait commencé à publier des œuvres où les rapports entre les choses étaient si différents de ceux qui les liaient pour moi que je ne comprenais presque rien de ce qu'il écrivait (...) Il y eut un temps où on reconnaissait bien les choses quand c'était Fromentin qui les peignait et où on ne les reconnaissait plus quand c'était Renoir. Les gens de goût nous disent aujourd'hui que Renoir est un grand peintre du XVIII*e* siècle. Mais en disant cela ils oublient le Temps et qu'il en a fallu beaucoup, même en plein XIX*e*, pour que Renoir fût salué grand artiste. Pour réussir à être ainsi reconnus, le peintre original, l'artiste original procèdent à la façon des oculistes. Le traitement par leur peinture, par leur prose, n'est pas toujours agréable. Quand il est terminé, le praticien nous dit : Maintenant regardez. Et voici que le monde (qui n'a pas été créé une fois, mais aussi souvent qu'un artiste original est survenu) nous apparaît entièrement différent de l'ancien, mais parfaitement clair. Des femmes passent dans la rue, différentes de celles d'autrefois, puisque ce sont des Renoir, ces Renoir où nous nous refusions jadis à voir des femmes. Les voitures aussi sont des Renoir, et l'eau, et le ciel : nous avons envie de nous promener dans la forêt pareille à celle qui le premier jour nous semblait tout, excepté une forêt, et par exemple une tapisserie aux nuances nombreuses mais où manquaient justement les nuances propres aux forêts. Tel est l'univers nouveau et périssable qui vient d'être créé. Il durera jusqu'à la prochaine catastrophe géologique que déchaîneront un nouveau peintre ou un nouvel écrivain originaux. (...) Je songeais qu'il n'y avait pas tant d'années qu'un même renouvellement du monde, pareil à celui que j'attendais de son successeur, c'était Bergotte qui me l'avait*

apporté. Et j'arrivais à me demander s'il y avait quelque
vérité en cette distinction que nous faisons toujours entre
l'art, qui n'est pas plus avancé qu'au temps d'Homère, et
la science aux progrès continus. Peut-être l'art ressemblait-il
au contraire en cela à la science ; chaque nouvel écrivain
original me semblait en progrès sur celui qui l'avait précédé ;
et qui me disait que dans vingt ans, quand je saurais accompa-
gner sans fatigue le nouveau d'aujourd'hui, un autre ne sur-
viendrait pas devant qui l'actuel filerait rejoindre Bergotte ?
(C. G. II, 199 sqq.)

Ce qui nous remet en mémoire tel autre passage :

Comme le public ne connaît du charme, de la grâce, des
formes de la nature que ce qu'il en a puisé dans les poncifs
d'un art lentement assimilé, et qu'un artiste original commence
par rejeter ces poncifs, M. et Mme Cottard, image en cela
du public, ne trouvaient ni dans la sonate de Vinteuil, ni
dans les portraits [d'Elstir], ce qui faisait pour eux l'har-
monie de la musique et la beauté de la peinture. Il leur sem-
blait quand le pianiste jouait la sonate qu'il accrochait au
hasard sur le piano des notes que ne reliaient pas en effet les
formes auxquelles ils étaient habitués, et que le peintre jetait
au hasard des couleurs sur ces toiles. Quand, dans celles-ci,
ils pouvaient reconnaître une forme, ils la trouvaient alourdie
et vulgarisée (c'est-à-dire dépourvue de l'élégance de l'école
de peinture à travers laquelle ils voyaient, dans la rue même,
les êtres vivants), et sans vérité, comme si Elstir n'eût pas su
comment était construite une épaule et que les femmes n'ont
pas les cheveux mauves. (Sw. I, 295.)

Ou encore la belle méditation de Swann écoutant la
sonate de Vinteuil : « *O audace aussi géniale peut-être que*
celle d'un Lavoisier, d'un Ampère, l'audace d'un Vinteuil
expérimentant, découvrant les lois secrètes d'une force
inconnue, menant à travers l'inexploré, vers le seul but
possible, l'attelage invisible auquel il se fie et qu'il n'apercevra
jamais ! » (Sw. II, 184.)

S'opposa longtemps à cette vocation d'écrivain une
paresse à laquelle Marcel Proust fait, tout au long de son
œuvre, des allusions continuelles. Car cet homme qui
devait témoigner si héroïquement de sa volonté commença
par être un aboulique.

J'ose à peine vous é crire [avoue-t-il à Robert de Billy

Je n'en suis pas digne, je ne fiche rien et heureusement que Paul de Baignières, en me faisant poser pour un portrait, donne ces temps-ci à mon inaction un prétexte. Sans cela, les remords de ma veulerie m'auraient dévoré... (Lettres et conversations, o. c., 103.)

... [Jean] lui raconta que sa santé toujours délicate s'était particulièrement ébranlée à la suite des fatigues de sa classe de philosophie, que maintenant il faisait du droit qui l'ennuyait. Aussi, que manquant de volonté et trop paresseux pour travailler si un vif intérêt ne l'y incitait pas, il ne faisait plus qu'aller dans le monde et devenait stupide, mais aussi qu'il se portait mieux, faisait de l'exercice, devenait fort. (J. S. III, 12.)

La persistance en moi d'une velléité ancienne de travailler, de réparer le temps perdu, de changer de vie, ou plutôt de commencer de vivre, me donnait l'illusion que j'étais toujours aussi jeune... (A. D., 241.)

Sans doute ma paresse m'ayant donné l'habitude, pour mon travail, de le remettre jour par jour au lendemain, je me figurais qu'il pouvait en être de même pour la mort... (T. R. I, 144.)

Mais, au delà de cette paresse, et plus inhibitrice encore, il y avait chez le jeune Marcel Proust, — jointe à un orgueil dont nous avons vu que *Jean Santeuil* témoigne sans fausse modestie, — la certitude d'une insuffisance (voire d'une impuissance) qui l'empêcherait à tout jamais d'être un écrivain au sens qu'il donnait à ce terme. Des notations commes celles-ci sont fréquentes dans *Le temps perdu :*

Après quelques pages préliminaires, l'ennui me faisant tomber la plume des mains, je pleurais de rage en pensant que je n'aurais jamais de talent, que je n'étais pas doué. (J. F. I, 19.)

Atterré par ce que M. de Norpois venait de me dire du fragment que je lui avais soumis, songeant d'autre part aux difficultés que j'éprouvais quand je voulais écrire un essai ou seulement me livrer à des réflexions sérieuses, je sentis une fois de plus ma nullité intellectuelle et que je n'étais pas né pour la littérature. Sans doute autrefois à Combray, certaines impressions fort humbles, ou une lecture de Bergotte, m'avaient mis dans un état de rêverie qui m'avait paru avoir une grande valeur. Mais cet état, mon poème en prose le

*reflétait : nul doute que M. de Norpois n'en eût saisi et percé
à jour tout de suite ce que j'y trouvais de beau seulement par
un mirage entièrement trompeur, puisque l'Ambassadeur
n'en était pas dupe. Il venait de m'apprendre au contraire
quelle place infime était la mienne (quand j'étais jugé du
dehors, objectivement, par le connaisseur le mieux disposé
et le plus intelligent). Je me sentais consterné, réduit ; et
mon esprit comme un fluide qui n'a de dimensions que celles
du vase qu'on lui fournit, de même qu'il s'était dilaté jadis
à remplir les capacités immenses du génie, contracté maintenant, tenait tout entier dans la médiocrité étroite où M. de
Norpois l'avait soudain enfermé et restreint.* (J. F. I, 65.)

Au départ, c'est la vie qui est rétrospectivement désen-
chantée par la littérature transfiguratrice. Dans une note
de *Sésame et les lys*, il avoue : « *Mon admiration pour
Ruskin donnait une telle importance aux choses qu'il m'avait
fait aimer qu'elles me semblaient chargées d'une valeur
plus grande même que celle de la vie.* » Littérature transfiguratrice, mais trompeuse. Lorsqu'il commence à écrire,
Marcel Proust se méfie des phrases qu'il serait tenté de
trouver bonnes du point de vue littéraire...

*... Mais en réalité il n'y avait que ce genre de phrases, ce
genre d'idées que j'aimais vraiment. Mes efforts inquiets et
mécontents étaient eux-mêmes une marque d'amour, d'amour
sans plaisir mais profond. Aussi quand tout d'un coup je
trouvais de telles phrases dans l'œuvre d'un autre, c'est-à-
dire sans plus avoir de scrupules, de sévérité, sans avoir
à me tourmenter, je me laissais enfin aller avec délices au
goût que j'avais pour elles, comme un cuisinier qui pour une
fois où il n'a pas à faire la cuisine trouve enfin le temps d'être
gourmand. Un jour, ayant rencontré dans un livre de Bergotte,
à propos d'une vieille servante, une plaisanterie que le magni-
fique et solennel langage de l'écrivain rendait encore plus
ironique, mais qui était la même que j'avais si souvent faite
à ma grand'mère en parlant de Françoise, une autre fois que
je vis qu'il ne jugeait pas indigne de figurer dans un de ces
miroirs de la vérité qu'étaient ses ouvrages une remarque
analogue à celle que j'avais eu l'occasion de faire sur notre
ami M. Legrandin (remarques sur Françoise et M. Legrandin
qui étaient certes de celles que j'eusse le plus délibérément
sacrifiées à Bergotte, persuadé qu'il les trouverait sans intérêt), il me sembla soudain que mon humble vie et les royaumes*

du vrai n'étaient pas aussi séparés que j'avais cru, qu'ils coïncidaient même sur certains points, et de confiance et de joie je pleurai sur les pages de l'écrivain comme dans les bras d'un père retrouvé. (Sw. I, 137.)

Pourtant, après avoir accordé à la littérature tous les pouvoirs, Marcel Proust jeune homme fait un jour l'épreuve de la désillusion. La lecture d'un passage « inédit » du journal des Goncourt (admirablement pastiché par Proust et auquel nous avons déjà fait allusion) le déçoit, dans la mesure où il présente comme dignes d'admiration — et rend en effet admirables — des hommes et des femmes qu'il a lui aussi connus, mais sans leur accorder une attention particulière :

Quand, avant d'éteindre ma bougie, je lus le passage que je transcris plus bas, mon absence de disposition pour les lettres, pressentie jadis du côté de Guermantes, confirmée durant ce séjour dont c'était le dernier soir — ce soir des veilles de départ où, l'engourdissement des habitudes qui vont finir cessant, on essaie de se juger — me parut quelque chose de moins regrettable, comme si la littérature ne révélait pas de vérité profonde, et en même temps il me semblait triste que la littérature ne fût pas ce que j'avais cru.

... Je fermai le journal des Goncourt. Prestige de la littérature ! J'aurais voulu revoir les Cottard, leur demander tant de détails sur Elstir, aller voir la boutique du Petit Dunkerque si elle existait encore, demander la permission de visiter cet hôtel des Verdurin où j'avais dîné. Mais j'éprouvais un vague trouble. Certes, je ne m'étais jamais dissimulé que je ne savais pas écouter ni, dès que je n'étais plus seul, regarder (...). Tout de même, ces êtres-là, je les avais connus dans la vie quotidienne, j'avais souvent dîné avec eux, c'étaient les Verdurin, c'était le duc de Guermantes, c'étaient les Cottard, chacun d'eux m'avait paru aussi commun qu'à ma grand'mère ce Basin dont elle ne se doutait guère qu'il était le neveu chéri, le jeune héros délicieux, de Mme de Beausergent, chacun d'eux m'avait semblé insipide ; je me rappelais les vulgarités sans nombre dont chacun était composé... « Et que tout cela fît un astre dans la nuit !!! »

...Ces idées, tendant, les unes à diminuer, les autres à accroître mon regret de ne pas avoir de dons pour la littérature, ne se présentèrent plus à ma pensée pendant les longues années que je passai à me soigner, loin de Paris, dans une

*maison de santé où, d'ailleurs, j'avais tout à fait renoncé
au projet d'écrire...* (T. R. I, 23-24 et 42.)

Cette désaffection à l'égard de la littérature, si elle fut
effective pour un Paul Valéry qui, de longues années
durant, ne songea vraiment plus à faire des vers, ne correspond dans le cas présent à aucune réalité autre que
romanesque. En ces années où le narrateur est parvenu
dans le texte que nous venons de citer, il y a longtemps que
Marcel Proust ne se contente plus d'avoir le désir d'écrire :
il a mené à leur terme les premiers volumes du *Temps
perdu* et probablement rédigé déjà une partie du *Temps
retrouvé*, — le dessein général de l'ouvrage étant dans son
ensemble depuis longtemps conçu par lui. C'est dans *Le
temps retrouvé* que nous le verrons précisément nous livrer
le fruit de ses longues années de méditation, quant à la
nécessité et à la difficulté d'écrire. Mais il convient de
citer dès maintenant cet important passage où nous voyons
le narrateur, au moment même où il désespérait de pouvoir être un jour écrivain, découvrir en lui une faculté
inusitée d'observation dont il n'a pas su encore tirer
partie mais qu'il devine efficace :

*Je résolus de laisser provisoirement de côté les objections
qu'avaient pu faire naître en moi contre la littérature ces
pages des Goncourt. Même en mettant de côté l'indice indi-
viduel de naïveté qui me est frappant chez le mémorialiste,
je pouvais d'ailleurs me rassurer à divers points de vue.
D'abord, en ce qui me concernait personnellement, mon inca-
pacité de regarder et d'écouter, que le journal cité avait si
péniblement illustrée pour moi, n'était pourtant pas totale.
Il y avait en moi un personnage qui savait plus ou moins bien
regarder, mais c'était un personnage intermittent, ne repre-
nant vie que quand se manifestait quelque essence générale,
commune à plusieurs choses, qui faisait sa nourriture et sa
joie. Alors le personnage regardait et écoutait, mais à une
certaine profondeur seulement, de sorte que l'observation
n'en profitait pas. Comme un géomètre qui, dépouillant les
choses de leurs qualités sensibles, ne voit que leur substratum
linéaire, ce que racontaient les gens m'échappait, car ce qui
m'intéressait, c'était non ce qu'ils voulaient dire, mais la
manière dont ils le disaient, en tant qu'elle était révélatrice
de leur caractère ou de leurs ridicules ; ou plutôt c'était un
objet qui avait toujours été plus particulièrement le but de*

ma recherche parce qu'il me donnait un plaisir spécifique, le point qui était commun à un être et à un autre. Ce n'était que quand je l'apercevais que mon esprit — jusque-là sommeillant, même derrière l'activité apparente de ma conversation, dont l'animation masquait pour les autres un total engourdissement spirituel — se mettait tout à coup joyeusement en chasse, mais ce qu'il poursuivait alors — par exemple l'identité du salon Verdurin dans divers lieux et divers temps — était situé à mi-profondeur, au delà de l'apparence elle-même, dans une zone un peu plus en retrait. Aussi le charme apparent, copiable, des êtres m'échappait parce que je n'avais plus la faculté de m'arrêter à lui, comme le chirurgien qui, sous le poli d'un ventre de femme, verrait le mal interne qui le ronge. J'avais beau dîner en ville, je ne voyais pas les convives, parce que quand je croyais les regarder je les radiographiais. Il en résultait qu'en réunissant toutes les remarques que j'avais pu faire dans un dîner sur les convives, le dessin des lignes tracées par moi figurait un ensemble de lois psychologiques où l'intérêt propre qu'avait eu dans ses discours le convive ne tenait presque aucune place. Mais cela enlevait-il tout mérite à mes portraits puisque je ne les donnais pas pour tels ? (T. R. I, 35-36.)

L'utilisation littéraire par Proust de son expérience du « monde » nous permettra de saisir le passage, dans son œuvre, de portraits « non donnés comme tels », mais d'abord insuffisamment transposés, à ceux procédant d'une totale recréation du *Temps perdu* et du *Temps retrouvé*. Au départ, le narrateur est le simple historien du temps perdu. Il évoquera par exemple le passé, avec sa mère, à propos du mariage inattendu de Saint-Loup avec Gilberte Swann, — et il commente :

Ainsi se déroulait dans notre salle à manger, sous la lumière de la lampe dont elles sont amies, une de ces causeries où la sagesse, non des nations mais des familles, s'emparant de quelque événement, mort, fiançailles, héritage, ruine, et le glissant sous le verre grossissant de la mémoire, lui donne tout son relief, dissocie, recule une surface, et situe en perspective à différents points de l'espace et du temps ce qui, pour ceux qui n'ont pas vécu cette époque, semble amalgamé sur une même surface, les noms des décédés, les adresses successives, les origines de la fortune et ses changements, les mutations de propriété. (A. D., 326.)

De cette mise en perspective, non plus dans une causerie mais dans un livre, naîtra le roman du temps perdu. Et ce livre, où Proust retrouve les joies du temps passé — finira par se substituer, pour son auteur, aux joies d'un présent que la maladie l'empêchait de vivre. A propos de *Swann*, il écrit à Mme Émile Straus :

Et puis, je crois difficilement que ce livre vous sera tout à fait étranger. Je ne peux pas dire comme Joubert : « Qui se met à son ombre devient plus sage », mais peut-être plus heureux, en ce sens que c'est un bréviaire des joies que peuvent connaître encore ceux à qui beaucoup de joies humaines sont refusées. Je n'ai nullement cherché à ce que ce fût cela. Mais c'est un peu cela... (COR. VI, 144.)

Plus nous avançons dans la connaissance de Proust, plus nous découvrons, contrairement à ce que nous avions entendu dire, que la joie est un des leit-motive de cet homme de douleur. C'est à elle encore qu'il songe, sans révolte, au moment de mourir. Et le souvenir de la joie, qui est encore un peu d'elle-même, met dans son malheur une sorte de bonheur. Un bonheur que nous rencontrerons de plus en plus souvent au cours de nos analyses et que Marcel Proust devra à la littérature, — et particulièrement à *sa* littérature. Quelques semaines avant de mourir, il écrit à Gaston Gallimard :

D'autres que moi, et je m'en réjouis, ont la jouissance de l'univers. Je n'ai plus ni le mouvement, ni la parole, ni la pensée, ni le simple bien-être de ne plus souffrir. Ainsi, expulsé pour ainsi dire de moi-même, je me réfugie dans les tomes [du Temps perdu] que je palpe à défaut de les lire, et j'ai, à leur égard, les précautions de la guêpe fouisseuse, sur lesquelles Fabre a écrit les admirables pages citées par Metchnikoff et que vous connaissez certainement. Recroquevillé comme elle et privé de tout, je ne m'occupe plus que de leur fournir à travers le monde des esprits l'expansion qui m'est refusée... (Lettres à la N. R. F., 269.)

Ainsi ce presque aveugle, sur le point de mourir, palpet-il, à défaut des objets d'un monde désormais inaccessible et désenchanté, cet univers qu'il a lui-même créé et qui lui paraît plus vrai que l'autre.

LES GENS DU MONDE ET LE SNOBISME

Le duc et la duchesse de Réveillon apparaissent, dans *Jean Santeuil* [1], décrits de piquante façon. Si amusante pourtant que soit l'esquisse, la drôlerie en demeure facile et n'approche pas encore la puissance satirique du *Temps Perdu*. Nous devinons que l'auteur de *Jean Santeuil* n'éprouve aucune difficulté à parodier *Le Figaro* de son époque ou *Le Gaulois* car il parle spontanément leur langue. Pas de distance encore entre le dessinateur et ses modèles. Cette peinture du monde a tendance à être de la peinture mondaine ; cette satire du snobisme, comme *Les Plaisirs et les Jours*, l'œuvre d'un snob. Aussi bien chacun se trompait-il sur la véritable valeur de ce brillant jeune homme. A la rigueur on aurait reconnu en lui (au cas où il se fût décidé à écrire de façon plus sérieuse et plus continue) un sous-Bourget, quelque homme de lettre du genre de ceux dont il se moquera plus tard :

— *Tiens, vous voilà, mais il y a des éternités qu'on ne vous a vu, dit à Swann le général. (...) pendant que M. de Bréauté demandait :*

— *Comment, vous, mon cher, qu'est-ce que vous pouvez bien faire ici ? à un romancier mondain qui venait d'installer au coin de son œil un monocle, son seul organe d'investigation psychologique et d'impitoyable analyse, et répondit d'un air important et mystérieux, en roulant l'r :*

— *J'observe.* (Sw. II, 152.)

L'auteur de *Jean Santeuil* (et peut-être celui de *Les Plaisirs et les Jours*) connaissait du reste fort bien son

---

1. Notamment dans le portrait des pages 235 et suivantes du tome II.

LE CHATEAU DE RÉVEILLON.

propre snobisme, ses tristes conséquences possibles, voire son utilité éventuelle :

Il est à remarquer que les gens de lettres, fils souvent de parents pauvres, et voyant le monde d'ailleurs à travers leur imagination qui embellit tout, font souvent au monde un sacrifice qui chez eux est plus grand que pour d'autres puisqu'il ajoute à tous les biens immolés (...) l'amour de la solitude, les joies de la vie intérieure, la profondeur de leur pensée, la dignité de leur vie, la solidité de leur gloire. Mais il est bien rare que les gens de lettres soient aussi naïvement snobs, aussi délibérément ambitieux que le monde les croit ou que le roman les peint, et que se montre par exemple, dans un ouvrage immortel, le poète Lucien de Rubempré. Non, le Rubempré moderne, et faut-il le dire, le Rubempré de tous les temps ne se dit pas : « Je veux arriver, je veux être dans le monde aussi recherché, aussi redouté, aussi riche que Maxime de Trailles, qu'Eugène de Rastignac. » Il se dit : « Je veux avoir tout senti, je veux étancher ma pensée altérée par la fatigue de la spéculation pure, à la source même de la vie. Pour peindre un jour la vie, je veux la vivre » (raisonnement qui ne le pousse pourtant pas à connaître la misère ou la médiocrité qui est au même titre que l'opulence une des formes de la vie). Il se dit : « Cette société sera pour moi un sujet de peintures que je ferai sans ressemblance si je les fais sans modèle. Combien ces vies spéciales (...) sont intéressantes pour un psychologue, et la fleur la plus vénéneuse, mais aussi la plus répandue dans cette terre pourrie, le snobisme. » Et soit que sa perspicacité se plaise à punir cruellement chez les autres la honte de ressentir déjà ces atteintes en lui, soit plutôt que parler de son mal même pour le flétrir soit encore le nourrir et le flatter, le romancier doublé d'un snob se fera le romancier des snobs. Bientôt par l'ascendant que des êtres pervertis prennent sur des êtres mous, et des plaisirs immédiats et faciles sur des êtres sans volonté, le monde aura façonné le poète à son image d'autant plus vite qu'en l'habituant, par les appâts de la vanité et de la paresse satisfaites, à vivre en société, elle supprimera les forces de résistance qu'il aurait pu trouver dans les énergies de la vie solitaire. Ces êtres, d'ailleurs, que Rubempré considère froidement comme des ennemis à vaincre ou des places fortes à emporter, l'écrivain ira à eux sans préméditation, non par la marche du calcul mais par l'élan du désir, porté sans s'en rendre compte, et

*sous la couleur menteuse de tant de raisons que nous venons
de dire, vers des êtres que son snobisme même ne lui fait pas
croire plus puissants mais lui fait paraître plus charmants
que d'autres, le désir étant dans le snobisme comme dans l'a-
mour le principe et non l'effet de l'admiration. Il ne s'éprendra
pas des duchesses parce qu'il les aura froidement jugées plus
désirables que d'autres, mais il les jugera plus désirables
parce qu'il en est instinctivement épris. Plus tard il pourra
se dire : « J'ai choisi cette vie pour y faire fortune, ou j'ai
voulu en me faisant traiter d'égal à égal par un prince rendre
à l'homme de lettres abaissé le rang auquel il a droit. » Il ne
faudra croire ni à tant de cynisme ni à tant de désintéressement, mais reconnaître une fois de plus l'ingéniosité de tous
ceux qu'une passion a conduits à se persuader que, vers des
carrières basses ou nobles, ce sont eux qui ont dirigé et qu'au
lieu d'en être esclaves ils en sont les maîtres.* (J. S. I, 251 sqq.)

Mais la lucidité de Proust quant au (et quant à *son*)
snobisme n'est pas encore suffisamment détachée de son
objet pour qu'il lui soit possible d'utiliser efficacement
sur le plan romanesque l'apport fourni par sa connaissance
du « monde ». « *Je suis déjà trop porté, monsieur, à aimer
le monde. Je compte y renoncer bientôt* », dit le jeune Jean
Santeuil (I, 280). Et c'est le jeune Marcel Proust qui parle.
Lui aussi aime le monde, en a honte, veut le quitter : mais
à ce moment-là (où il écrit pourtant *Jean Santeuil*) il y
est encore tout entier engagé. Non seulement le loisir
mais aussi le recul lui manquent pour transmuer en roman
la matière première de ses observations. Lorsque nous
l'avons entendu nous dire (II, 235) que *nous connaissions
bien maintenant* le duc de Réveillon, nous nous sommes aperçus que, précisément, malgré tant de notations
réunies, nous ne le connaissions qu'assez mal, — alors
qu'après deux pages nous voyons, nous entendons, nous
reconnaissons le duc de Guermantes. Il faudra attendre
le beau portrait du tome III (39 et suiv.) pour vraiment
connaître le duc de Réveillon. Encore le connaîtrons-
nous alors comme nous connaissons un modèle de Saint-
Simon ou un type de La Bruyère, — non pas comme un
personnage de roman.

Quoi qu'il en soit, le jeune Marcel Proust, parce qu'il a
un don d'observation particulièrement aigu, une grande
culture, la vocation et le talent d'écrire, excelle dans le

portrait, ou dans la brève esquisse qui fait mouche. Par exemple :

> *Jamais Antoine se promenant aux yeux des princes et des ducs ne fera semblant de ne pas reconnaître d'anciens amis journalistes. Il quittera ostensiblement une princesse pour aller leur serrer la main, sachant qu'il se grandit par là aussi bien aux yeux de la Princesse que des journalistes. Ainsi, grincheux et assidu auprès des grands, affectueux et rare auprès des petits, Antoine n'aurait que des amis s'il n'était une espèce qu'il ne peut souffrir, qu'il décrie sans cesse parce qu'il y trouve le double avantage d'affaiblir des rivaux, de retarder les concurrents, de se garder pour lui tout seul la proie qu'ils ne cherchaient pas moins que lui, une espèce qu'il flaire du plus loin, dont il dévoile cruellement les manèges, pour qui il ne connaît ni indulgence ni pitié : ce sont les snobs.* (J. S. I, 255.)

Déjà aussi, il sait extraire du snobisme une matière de portée très généralement humaine ; et déjà son art parvient à faire échapper les portraits les plus datés aux adultérations du temps et de la mode. Mais la réussite mondaine que le narrateur du *Temps perdu* attribuera à Swann, nous en voyons Jean Santeuil bénéficier lui-même. L'amitié du duc et de la duchesse de Réveillon lui a fait connaître de proche en proche « *ce qu'il y a de plus grand* » en France. Jean Santeuil ne se sent à l'aise que dans ce monde fermé où il a eu l'exceptionnelle faveur de se faire admettre. S'il en profite pour observer et réunir la matière de son œuvre future, il n'en goûte pas moins d'excessives joies de vanité. Ce sont les rares délices et les satisfactions singulières du snobisme. A peu d'exceptions près, rien qui nous soit aujourd'hui plus étranger — non certes que le snobisme, qui est de tous les temps, mais que ce snobisme-là, celui des personnages titrés. Seulement le talent de Marcel Proust arrive, par sympathie, à nous le rendre compréhensible ; bien plus, il nous gagne à sa cause. Et nous découvrons avec quelque gêne, après avoir lu par exemple le beau chapitre du tome III de *Jean Santeuil* intitulé « La première de Frédégonde », que nous goûtons comme un snob, d'un plaisir semblable au sien, le camouflet reçu par cette Mme Marmet qui, ne trouvant pas Jean digne de figurer dans sa loge de l'Opéra, l'avait décommandé au dernier moment, et le voit entrer avec le duc et la duchesse de Réveillon à la suite d'une brillante compagnie où se trouve S. M. le roi de Portugal lui-même. Résumé ainsi, la futilité de cet épisode est risible. Mais il faut lire le chapitre où il est relaté. Impossible dès lors de ne pas s'identifier aux personnages, de ne pas entrer dans leur peau, donc de ne pas ressentir l'orgueil ou l'humiliation sur ces points dérisoires. Ne faisons du reste pas les pharisiens : si ce snobisme-là a presque disparu c'est qu'il ne correspond désormais à rien de réel pour la plupart des ambitieux. Rastignac et Rubempré n'ont plus rien à attendre du monde des duchesses. Mais il est d'autres snobismes, et que nous partageons peut-être. Le *prestige*, pour être ailleurs, n'en continue pas moins d'exister. Aussi bien y a-t-il une vertu dans le prestige, et même, sans doute, dans celui qu'exercent les personnes titrées sur certaines sensibilités. Ce qui est significatif dans les pages auxquelles nous venons de nous référer, c'est que l'éclatante revanche de Jean Santeuil sur Mme Marmet n'est pas commentée du point de vue du principal intéressé (Jean Santeuil précisément), lequel s'efface, au contraire, — comme l'eût fait Proust lui-même, par un réflexe de bonne éducation qui n'en eût que mieux souligné son triomphe aux yeux des tiers. D'où nous pouvons déduire que notre auteur, si en d'autres pages du livre il juge le snobisme de l'extérieur, en est ici la dupe, Marcel Proust s'identifie à Jean Santeuil, partage ses succès, entre dans ses plaisirs de vanité et d'orgueil. S'il en a l'air détaché, ce n'est point parce qu'il a mis de la distance entre son personnage et lui (comme l'eût exigé une véritable création romanesque) mais au contraire pour cette raison que, ne s'en distinguant pas, il fait montre spontanément dans le livre de la discrétion polie qui lui aurait été naturelle dans la vie.

Marcel Proust sut néanmoins transcender très vite son snobisme. Une note de *Sésame et les Lys* dénonce « *ces sophismes que la vanité des gens intelligents va chercher dans l'arsenal de leur intelligence pour justifier leurs penchants les plus vils. Cela reviendrait à dire que d'être devenu plus intelligent crée des droits à l'être moins. Tout simplement diverses personnes se côtoient au sein de chacun de nous, et la vie de plus d'un homme supérieur n'est souvent que la coexistence d'un philosophe et d'un snob* » (82). Et, dans la préface au même ouvrage de Ruskin, il écrit ceci, qui

Marcel Proust avec Abel Hermant,
la Princesse de Chimay, Madame de Noailles...

situe exactement le problème de son prétendu snobisme, — soudain pardonné, sinon même dignifié :

Se plaire dans la société de quelqu'un parce qu'il a eu un ancêtre aux Croisades, c'est de la vanité. L'intelligence n'a rien à voir à cela. Mais se plaire dans la société de quelqu'un parce que le nom de son grand-père se retrouve souvent dans Alfred de Vigny ou dans Chateaubriand, ou (séduction vraiment irrésistible pour moi, je l'avoue) avoir le blason de sa famille dans la Grande Rose de Notre-Dame d'Amiens, voilà où le péché intellectuel commence. (Ibid., 42.)

Et le voici qui fait son miel, — non sans une certaine inquiétude quant à l'apparent snobisme dont peuvent témoigner de telles remarques, déjà si proustiennes :

Les « Eu » ont l'air de bonnes gens très simples bien que j'affecte le chapeau sur la tête et l'immobilité en leur présence : « Brouillé depuis Rennes ». M'étant trouvé avec le vieux devant une porte à devoir passer l'un ou l'autre le premier, je me suis effacé. Et il a passé mais en ôtant son chapeau avec un grand salut pas du tout condescendant ni d'Haussonville, mais de vieux brave homme très poli, salut que je n'ai encore eu d'aucune des personnes devant qui je m'efface de même, qui sont de « simples bourgeois » et passent raides comme des princes. A ce propos, le comte d'Eu glisse sur les parquets au lieu de marcher, comme on patine. Mais je n'ose en reconstituer à la Cuvier que c'étaient là les bonnes manières, ne sachant s'il faut reconnaître dans cette glissade les atteintes de la goutte ou les souvenirs de la Cour. Ne pas montrer cette lettre à mon ange de frère, qui est un ange mais aussi un juge, un juge sévère et qui induirait de mes remarques sur le comte d'Eu un snobisme ou une frivolité bien éloignés de mon cœur au lieu de la nécessité qui me fait te dire ce dont nous causerions et les remarques qui peuvent nous amuser. (Lettre à sa mère, Évian, septembre 1899.)*

La justification de Marcel Proust, ce sont finalement ces pages, par exemple, — qui, mondainement parlant, ne sont certes pas d'un complice :

La nouvelle que ma grand'mère était à toute extrémité s'était immédiatement répandue dans la maison. Un de ces « extras » qu'on fait venir dans les périodes exceptionnelles pour soulager la fatigue des domestiques, ce qui fait que les agonies ont quelque chose des fêtes, venait d'ouvrir au duc de Guermantes, lequel, resté dans l'antichambre, me demandait ; je ne pus lui échapper.

— Je viens, mon cher monsieur, d'apprendre ces nouvelles macabres. Je voudrais en signe de sympathie serrer la main à monsieur votre père.

Je m'excusai sur la difficulté de le déranger en ce moment. M. de Guermantes tombait comme au moment où on part en voyage. Mais il sentait tellement l'importance de la politesse qu'il nous faisait, que cela lui cachait le reste et qu'il voulait absolument entrer au salon. En général, il avait l'habitude de tenir à l'accomplissement entier des formalités dont il avait décidé d'honorer quelqu'un et il s'occupait peu que les malles fussent faites ou le cercueil prêt.

— Avez-vous fait venir Dieulafoy ? Ah ! c'est une grave erreur. Et si vous me l'aviez demandé, il serait venu pour moi, il ne me refuse rien, bien qu'il ait refusé à la duchesse de Chartres. Vous voyez, je me mets carrément au-dessus d'une princesse du sang. D'ailleurs devant la mort nous sommes tous égaux, ajouta-t-il, non pour me persuader que ma grand'mère devenait son égale, mais ayant peut-être senti qu'une conversation prolongée relativement à son pouvoir sur Dieulafoy et à sa prééminence sur la duchesse de Chartres ne serait pas de très bon goût.

Son conseil du reste ne m'étonnait pas. Je savais que, chez les Guermantes, on citait toujours le nom de Dieulafoy (avec un peu plus de respect seulement) comme celui d'un « fournisseur » sans rival. Et la vieille duchesse de Mortemart, née Guermantes (il est impossible de comprendre pourquoi dès qu'il s'agit d'une duchesse on dit presque toujours : « la vieille duchesse de » ou tout au contraire, d'un air fin et Watteau, si elle est jeune, la « petite duchesse de »), préconisait presque mécaniquement, en clignant de l'œil, dans les cas graves « Dieulafoy, Dieulafoy », comme si on avait besoin d'un glacier « Poiré Blanche » ou pour des petits fours « Rebattet, Rebattet ». Mais j'ignorais que mon père venait précisément de faire demander Dieulafoy.

A ce moment ma mère, qui attendait avec impatience des ballons d'oxygène qui devaient rendre plus aisée la respiration de ma grand'mère, entra elle-même dans l'antichambre où elle ne savait guère trouver M. de Guermantes. J'aurais voulu le cacher n'importe où. Mais persuadé que rien n'était plus essentiel, ne pouvait d'ailleurs la flatter davantage et n'était plus indispensable à maintenir sa réputation de parfait gentilhomme, il me prit violemment par le bras et malgré que je me défendisse comme contre un viol par des : « Monsieur, monsieur, monsieur » répétés, il m'entraîna vers maman en me disant : « Voulez-vous me faire le grand honneur de me présenter à madame votre mère ? » en déraillant un peu sur le mot mère. Et il trouvait tellement que l'honneur était pour elle qu'il ne pouvait s'empêcher de sourire tout en faisant une figure de circonstance. Je ne pus faire autrement que de le nommer, ce qui déclencha aussitôt de sa part des courbettes, des entrechats, et il allait commencer toute la cérémonie complète du salut. Il pensait même entrer en conversation, mais ma mère, noyée dans sa douleur, me dit de venir vite, et ne répondit même pas aux phrases de M. de Guermantes qui, s'attendant à être reçu en visite et se trouvant au contraire laissé seul dans l'antichambre, eût fini par sortir si, au même moment, il n'avait vu entrer Saint-Loup arrivé le matin même et accouru aux nouvelles. (...) Le duc de Guermantes, tout en se félicitant du « bon vent » qui l'avait poussé vers son neveu, resta si étonné de l'accueil pourtant si naturel de ma mère, qu'il déclara plus tard qu'elle était aussi désagréable que mon père était poli, qu'elle avait des « absences » pendant lesquelles elle semblait même ne pas entendre les choses qu'on lui disait et qu'à son avis elle n'était pas dans son assiette et peut-être même n'avait pas toute sa tête à elle. Il voulut bien cependant, à ce qu'on me dit, mettre cela en partie sur le compte des circonstances et déclarer que ma mère lui avait paru très « affectée » par cet événement. Mais il avait encore dans les jambes tout le reste des saluts et révérences à reculons qu'on l'avait empêché de mener à leur fin et se rendait d'ailleurs si peu compte de ce que c'était que le chagrin de maman, qu'il demanda, la veille de l'enterrement, si je n'essayais pas de la distraire. (C. G. II, 213 sqq.)

La peinture du « monde » se fait chez Marcel Proust de plus en plus cruelle. Elle aboutit à telle scène, entre autres, où cette vieille amie de Swann que fut la duchesse de Guermantes et qui refusa de le recevoir ainsi que sa fille après son « impossible » mariage avec Odette, change d'attitude, Swann étant mort, parce que sa décision a cessé de lui donner « *toutes les satisfactions d'orgueil, d'indépendance, de self-government, de persécution qu'elle*

était susceptible d'en tirer et auxquelles avait mis fin la dis-
parition de l'être qui lui•donnait la sensation délicieuse
qu'elle lui résistait, qu'il ne parvenait pas à lui faire rappor-
ter ses décrets » :

Un mois après, la petite Swann, qui ne s'appelait pas encore
Forcheville, déjeunait chez les Guermantes. On parla de
mille choses ; à la fin du déjeuner, Gilberte dit timidement :
« Je crois que vous avez très bien connu mon père. — Mais
je crois bien », dit Mme de Guermantes sur un ton mélancolique
qui prouvait qu'elle comprenait le chagrin de la fille et avec un
excès d'intensité voulu qui lui donnait l'air de dissimuler
qu'elle n'était pas sûre de se rappeler très exactement le
père. « Nous l'avons très bien connu, je me le rappelle très
bien. » (Et elle pouvait se le rappeler en effet, il était venu
la voir presque tous les jours pendant vingt-cinq ans.) « Je
sais très bien qui c'était, je vais vous dire, ajouta-t-elle,
comme si elle avait voulu expliquer à la fille qui elle avait
eu pour père et donner à cette jeune fille des renseignements sur lui, c'était un grand ami à ma belle-mère et aussi
il était très lié avec mon beau-frère Palamède. — Il venait
aussi ici, il déjeunait même ici, ajouta M. de Guermantes
par ostentation de modestie et scrupule d'exactitude. Vous
vous rappelez, Oriane. Quel brave homme que votre père !
Comme on sentait qu'il devait être d'une famille honnête !
Du reste j'ai aperçu autrefois son père et sa mère. Eux et lui,
quelles bonnes gens ! »

On sentait que s'ils avaient été, les parents et le fils, encore
en vie, le duc de Guermantes n'eût pas eu d'hésitation à les
recommander pour une place de jardiniers ! Et voilà comment
le faubourg Saint-Germain parle à tout bourgeois des autres
bourgeois, soit pour le flatter de l'exception faite — le temps
qu'on cause — en faveur de l'interlocuteur ou de l'interlo-
cutrice, soit plutôt, et en même temps, pour l'humilier. C'est
ainsi qu'un antisémite dit à un Juif, dans le moment même où
il le couvre de son affabilité, du mal des Juifs, d'une façon
générale qui permette d'être blessant sans être grossier.

Mais sachant vraiment vous combler quand elle vous voyait,
ne pouvant alors se résoudre à vous laisser partir, Mme de
Guermantes était aussi l'esclave de ce besoin de la présence.
Swann avait pu parfois, dans l'ivresse de la conversation,
donner à la duchesse l'illusion qu'elle avait de l'amitié pour
lui, il ne le pouvait plus. « Il était charmant », dit la duchesse

avec un sourire triste en posant sur Gilberte un regard très doux qui, à tout hasard, pour le cas où cette jeune fille serait sensible, lui montrerait qu'elle était comprise et que Mme de Guermantes, si elle se fût trouvée seule avec elle et si les circonstances l'eussent permis, eût aimé lui dévoiler toute la profondeur de sa sensibilité. Mais M. de Guermantes, soit qu'il pensât précisément que les circonstances s'opposaient à de telles effusions, soit qu'il considérât que toute exagération de sentiment était l'affaire des femmes et que les hommes n'avaient pas plus à y voir que dans leurs autres attributions, sauf la cuisine et les vins, qu'il s'était réservés, y ayant plus de lumières que la duchesse, crut bien faire de ne pas alimenter, en s'y mêlant, cette conversation qu'il écoutait avec une visible impatience. (A. D., 222 sqq.)

Lorsque le narrateur abandonnait ses amis du « monde », disparaissant soudain des salons où il aimait tant aller et manquant les plus belles fêtes, ce n'était point (tout au moins dans sa première jeunesse) qu'il se fût enfin décidé à travailler, — mais seulement, comme Swann dans les mêmes occasions, qu'une passion exclusive le retenait ailleurs, et souvent dans les milieux les moins élégants qui fussent. Le snobisme s'efface où commence l'amour.

L'AMOUR

Ainsi revenait-elle dans la voiture de Swann ; un soir comme elle venait d'en descendre et qu'il lui disait à demain, elle cueillit précipitamment dans le petit jardin qui précédait la maison un dernier chrysanthème et le lui donna avant qu'il fût reparti. Il le tint serré contre sa bouche pendant le retour, et quand au bout de quelques jours la fleur fut fanée, il l'enferma précieusement dans son secrétaire...

Ces lignes, par lesquelles débute le second volume de *Swann*, pourraient être de Flaubert. Je parle ici de la forme. Mais, quant au fond également, la psychologie de l'amour est, pour une grande part, chez Marcel Proust, classique, — dans la ligne de cette grande tradition française qui, en passant par Racine, Stendhal et Constant, va de Mme de La Fayette à Flaubert, et à Proust, précisément. Il n'est, pour s'en assurer, que d'ouvrir presque au hasard, dans *Swann*, la partie intulée « Un amour de Swann » :

Et pour renouveler un peu l'aspect moral, trop figé, d'Odette, et dont il avait peur de se fatiguer, il lui écrivait tout d'un coup une lettre pleine de déceptions feintes et de colères simulées qu'il lui faisait porter avant le dîner. Il savait qu'elle allait être effrayée, lui répondre, et il espérait à son âme, jailliraient des mots qu'elle ne lui avait encore jamais dits ; et en effet — c'est de cette façon qu'il avait obtenu les lettres les plus tendres qu'elle lui eût encore écrites dont l'une, qu'elle lui avait fait porter à midi de la « Maison Dorée » (c'était le jour de la fête de Paris-Murcie donnée pour les inondés de Murcie), commençait par ces mots : « Mon ami, ma main tremble si fort que je peux à peine écrire », et qu'il avait gardée dans le même tiroir que la fleur séchée du chrysanthème. Ou bien si elle n'avait pas eu le temps de lui écrire, quand il arriverait chez les Verdurin, elle irait vivement à lui et lui dirait : « J'ai à vous parler », et il contemplerait avec curiosité sur son visage et dans ses paroles ce qu'elle lui avait caché jusque-là de son cœur. (...) Ainsi le simple fonctionnement de cet organisme social qu'était le petit « clan » prenait automatiquement pour Swann des rendez-vous quotidiens avec Odette et lui permettait de feindre une indifférence à la voir, ou même un désir de ne plus la voir, qui ne lui faisait pas courir de grands risques, puisque, quoi qu'il lui eût écrit dans la journée, il la verrait forcément le soir et la ramènerait chez elle.

Mais une fois qu'ayant songé avec maussaderie à cet inévitable retour ensemble, il avait emmené jusqu'au bois sa jeune ouvrière pour retarder le moment d'aller chez les Verdurin, il arriva chez eux si tard, qu'Odette, croyant qu'il ne viendrait pas, était partie. En voyant qu'elle n'était plus dans le salon, Swann ressentit une souffrance au cœur ; il tremblait d'être privé d'un plaisir qu'il mesurait pour la première fois, ayant eu jusque-là cette certitude de le trouver quand il le voulait, qui pour tous les plaisirs nous diminue ou même nous empêche d'apercevoir aucunement leur grandeur. (...) A un moment, comme un fiévreux qui vient de dormir et qui prend conscience de l'absurdité des rêvasseries qu'il ruminait sans se distinguer nettement d'elles, Swann tout d'un coup aperçut en lui l'étrangeté des pensées qu'il roulait depuis le moment où on lui avait dit chez les Verdurin qu'Odette était déjà partie, la nouveauté de la douleur au cœur dont il souffrait, mais qu'il constata seulement comme s'il venait de s'éveiller. Quoi ? toute cette agitation parce qu'il ne verrait Odette que demain, ce que précisément il avait souhaité, il y a une heure, en se rendant chez Mme Verdurin ! Il fut bien obligé de constater que dans cette même voiture qui l'emmenait chez Prévost il n'était plus le même, et qu'il n'était plus seul, qu'un être nouveau était là avec lui, adhérent, amalgamé à lui, duquel il ne pourrait peut-être pas se débarrasser, avec qui il allait être obligé d'user de ménagements comme avec un maître ou avec une maladie. Et pourtant depuis un moment qu'il sentait qu'une nouvelle personne s'était ainsi ajoutée à lui, sa vie lui paraissait plus intéressante. C'est à peine s'il se disait que cette rencontre possible chez Prévost (de laquelle l'attente saccageait, dénudait à ce point les moments qui la précédaient qu'il ne trouvait plus une seule idée, un seul souvenir derrière lequel il pût faire reposer son esprit), il était probable pourtant, si elle avait lieu, qu'elle serait comme les autres, fort peu de chose. Comme chaque soir dès qu'il serait avec Odette, jetant furtivement sur son changeant visage un regard aussitôt détourné de peur qu'elle n'y vît l'avance d'un désir et ne crût plus à son désintéressement, il cesserait de pouvoir penser à elle, trop occupé à trouver des prétextes qui lui permissent de ne pas la quitter tout de suite et de s'assurer, sans avoir l'air d'y tenir, qu'il la retrouverait le lendemain chez les Verdurin : c'est-à-dire de prolonger pour l'instant et de renouveler un jour de plus la déception et la torture que lui apportait la vaine présence de cette femme qu'il approchait sans oser l'étreindre. (Sw. II, 17 sqq.)

Le glissement est visible, ici, d'une peinture classique des passions de l'amour en quelques-unes de leurs manifestations les plus traditionnelles, à une analyse encore plus subtile dont il suffit de lire quelques lignes (à partir de : « ... *A un moment, comme un fiévreux qui vient de dormir...* ») pour deviner qu'elle renouvelle le sujet. Si Marcel Proust enregistre des variations plus précises que Constant ou que Stendhal ce n'est pas seulement, comme on l'a dit, parce qu'il est plus sensible : c'est aussi parce qu'il a mis au point une méthode d'élucidation psychologique encore plus efficace. Méthode qui permet d'atteindre à la finesse, par exemple, du constat que voici :

... A l'âge un peu désabusé dont approchait Swann et où l'on sait se contenter d'être amoureux pour le plaisir de l'être sans trop exiger de réciprocité, ce rapprochement des cœurs, s'il n'est plus comme dans la première jeunesse le but vers lequel tend nécessairement l'amour, lui reste uni en revanche par une association d'idées si forte, qu'il peut en devenir la cause, s'il se présente avant lui. Autrefois on rêvait de posséder le cœur de la femme dont on était amoureux ; plus tard sentir qu'on possède le cœur d'une femme peut suffire à vous en rendre amoureux. Ainsi, à l'âge où il semblerait, comme on cherche surtout dans l'amour un plaisir subjectif, que la part du goût pour la beauté d'une femme devrait y être la plus grande, l'amour peut naître, — l'amour le plus physique, — sans qu'il y ait eu, à sa base, un désir préalable. A cette époque de la vie, on a déjà été atteint plusieurs fois par l'amour ; il n'évolue plus seul suivant ses propres lois inconnues et fatales, devant notre cœur étonné et passif.

*Nous venons à son aide, nous le faussons par la mémoire,
par la suggestion. En reconnaissant un de ses symptômes
nous nous rappelons, nous faisons renaître les autres. Comme
nous possédons sa chanson, gravée en nous tout entière, nous
n'avons pas besoin qu'une femme nous en dise le début, —
rempli par l'admiration qu'inspire la beauté, — pour en
trouver la suite. Et si elle commence au milieu, — là où les
cœurs se rapprochent, où l'on parle de n'exister plus que l'un
pour l'autre, — nous avons assez l'habitude de cette musique
pour rejoindre tout de suite notre partenaire au passage où
elle nous attend.* (Sw. I, 272-73.)

On trouve dans *Albertine disparue* un passage d'un clas-
sicisme analogue à celui que nous lisions tout à l'heure
dans *Swann*, — avec le recours de l'amoureux au même
pauvre subterfuge de la lettre :

*Sans doute, de même que j'avais dit autrefois à Albertine :
« Je ne vous aime pas », pour qu'elle m'aimât ; « J'oublie
quand je ne vois pas les gens », pour qu'elle me vît très souvent ;
« J'ai décidé de vous quitter », pour prévenir toute idée de
séparation, maintenant c'était parce que je voulais absolument qu'elle revînt dans les huit jours que je lui disais :
« Adieu pour toujours » ; c'est parce que je voulais la revoir
que je lui disais : « Je trouverais dangereux de vous voir » ;
c'est parce que vivre séparé d'elle me semblait pire que la
mort que je lui écrivais : « Vous avez eu raison, nous serions
malheureux ensemble. »*

*... Le résultat de cette lettre me paraissant certain, je re-
grettai de l'avoir envoyée. Car en me représentant le retour,
en somme si aisé, d'Albertine, brusquement toutes les raisons
qui rendaient notre mariage une chose mauvaise pour moi
revinrent avec toute leur force. J'espérais qu'elle refuserait
de revenir. J'étais en train de calculer que ma liberté, tout
l'avenir de ma vie étaient suspendus à son refus ; que j'avais
fait une folie d'écrire ; que j'aurais dû reprendre ma lettre
hélas partie, quand Françoise en me donnant aussi le journal
qu'elle venait de monter me la rapporta. Elle ne savait pas
avec combien de timbres elle devait l'affranchir. Mais aussitôt
je changeai d'avis ; je souhaitais qu'Albertine ne revînt pas,
mais je voulais que cette décision vînt d'elle pour mettre fin
à mon anxiété, et je résolus de rendre la lettre à Françoise
pour qu'elle la mît enfin à la poste, afin de réaliser auprès
d'Albertine cette tentative qui me paraissait indispensable*

*depuis que j'avais appris qu'elle ne s'était pas effectuée.
Et sans doute, nous avons tort de croire que l'accomplissement
de notre désir soit peu de chose, puisque dès que nous croyons
qu'il peut ne pas se réaliser nous y tenons de nouveau, et ne
trouvons qu'il ne valait pas la peine de le poursuivre que quand
nous sommes bien sûrs de ne le pas manquer.* (A. D., 59 sqq.)

La constatation de cette *feinte* intérieure, — par laquelle
nous nous faisons détaché et indifférent alors que nous
n'avons plus à craindre dans l'immédiat l'indifférence
et le détachement de l'être aimé, — appartient à toutes
les descriptions classiques de l'amour. Et c'est à plusieurs
reprises qu'on la rencontre chez Proust. Citons seulement :

*La certitude de la présentation à ces jeunes filles avait eu
pour résultat, non seulement de me faire à leur égard jouer,
mais éprouver, l'indifférence. Désormais inévitable, le plaisir
de les connaître fut comprimé, réduit, me parut plus petit
que celui de causer avec Saint-Loup, de dîner avec ma
grand'mère, de faire dans les environs des excursions que je
regretterais d'être probablement, par le fait de relations avec
des personnes qui devaient peu s'intéresser aux monuments
historiques, contraint de négliger. (...) Ce qui allait avoir
lieu, c'était un autre événement auquel je n'étais pas préparé.
Je ne reconnaissais ni mon désir, ni son objet ; je regrettais
presque d'être sorti avec Elstir. Mais, surtout, la contraction
du plaisir que j'avais auparavant cru avoir était due à la
certitude que rien ne pouvait plus me l'enlever. Et il reprit,
comme en vertu d'une force élastique, toute sa hauteur,
quand il cessa de subir l'étreinte de cette certitude, au moment
où m'étant décidé à tourner la tête, je vis Elstir, arrêté
quelques pas plus loin avec les jeunes filles, leur dire au revoir.
(...) Ce rôle des croyances, il est vrai que quelque chose en
moi le savait, c'était la volonté, mais elle le sait en vain si
l'intelligence, la sensibilité continuent à l'ignorer ; celles-ci
sont de bonne foi quand elles croient que nous avons envie
de quitter une maîtresse à laquelle seule notre volonté sait
que nous tenons. C'est qu'elles sont obscurcies par la croyance
que nous la retrouverons dans un instant. Mais que cette
croyance se dissipe, qu'elles apprennent tout d'un coup que
cette maîtresse est partie pour toujours, alors l'intelligence
et la sensibilité ayant perdu leur mise au point sont comme
folles, le plaisir infime s'agrandit à l'infini. (...) Variation
d'une croyance, néant de l'amour aussi, lequel, préexistant*

et mobile, s'arrête à l'image d'une femme simplement parce que cette femme sera presque impossible à atteindre. Dès lors on pense moins à la femme, qu'on se représente difficilement, qu'aux moyens de la connaître. Tout un processus d'angoisses se développe et suffit pour fixer notre amour sur celle qui en est l'objet à peine connu de nous. L'amour devient immense, nous ne songeons pas combien la femme réelle y tient peu de place. Et si tout d'un coup, comme au moment où j'avais vu Elstir s'arrêter avec les jeunes filles, nous cessons d'être inquiets, d'avoir de l'angoisse, comme c'est elle qui est tout notre amour, il semble brusquement qu'il se soit évanoui au moment où nous tenons enfin la proie à la valeur de laquelle nous n'avons pas assez pensé. (J. F. III, 122 et 124-25.)

Mais lorsqu'il s'agira, par exemple, de décrire cette jalousie que ne suffit même pas à éteindre la mort de l'être qui l'a provoquée, Proust accumulera les notations personnelles, — aussi riches et neuves que celles-ci :

Une femme qui ne pouvait plus éprouver de plaisirs avec d'autres n'aurait plus dû exciter ma jalousie, si seulement ma tendresse avait pu se mettre à jour. Mais c'est ce qui était impossible puisqu'elle ne pouvait trouver son objet, Albertine, que dans des souvenirs où celle-ci était vivante. Puisque, rien qu'en pensant à elle, je la ressuscitais, ses trahisons ne pouvaient jamais être celles d'une morte ; l'instant où elle les avait commises devenant l'instant actuel, non pas seulement pour Albertine, mais pour celui de mes « moi » subitement évoqué qui la contemplait. De sorte qu'aucun anachronisme ne pouvait jamais séparer le couple indissoluble où, à chaque coupable nouvelle, s'appariait aussitôt un jaloux lamentable et toujours contemporain. (A. D., 103.)

Dans la souffrance physique au moins nous n'avons pas à choisir nous-mêmes notre douleur. La maladie la détermine et nous l'impose. Mais dans la jalousie il nous faut essayer en quelque sorte des souffrances de tout genre et de toute grandeur, avant de nous arrêter à celle qui nous paraît pouvoir convenir. (A. D., 176.)

Il importe à ce sujet de noter que si Marcel Proust, avec un art qui allie le génie des plus grands mémorialistes à celui des plus grands romanciers, impose un type irréductible à chacun de ses nombreux personnages, il a

néanmoins tendance à attribuer indifféremment à tel ou
tel d'entre eux ce qu'il lui importe le plus d'exprimer,
principalement dans les choses de l'amour. C'est ainsi
que la jalousie décrite dans « *Un amour de Swann* » est
celle-là même que nous verrons le narrateur éprouver
et décrire dans *Albertine disparue*. Certes, Proust a pris
soin de marquer à plusieurs reprises que le caractère du
narrateur et celui de Swann offraient de grandes ressem-
blances, ce qui explique l'attention que le premier accorde
à la vie du second[1]. Il n'en demeure pas moins que,
si ces peintures n'étaient pas toutes aussi admirables, il
y aurait quelque faiblesse — du point de vue romanesque
— dans cette trop grande similitude des analyses. En voici
quelques-unes, qui sont tirées de *Swann*, mais que n'importe quel lecteur averti situerait plutôt dans *Albertine
disparue* :

*Certes [Swann] se doutait bien par moments qu'en elles-
mêmes les actions quotidiennes d'Odette n'étaient pas passionnément intéressantes, et que les relations qu'elle pouvait
avoir avec d'autres hommes n'exhalaient pas naturellement
d'une façon universelle et pour tout être pensant une tristesse
morbide, capable de donner la fièvre du suicide. Il se rendait
compte alors que cet intérêt, cette tristesse n'existaient qu'en
lui comme une maladie, et que quand celle-ci serait guérie,
les actes d'Odette, les baisers qu'elle aurait pu donner rede-
viendraient inoffensifs comme ceux de tant d'autres femmes.*
(Sw. II, 88.)

*Swann restait là, désolé, confus et pourtant heureux,
devant cette enveloppe qu'Odette lui avait remise sans crainte,
tant était absolue la confiance qu'elle avait en sa délicatesse,
mais à travers le vitrage transparent de laquelle se dévoilait
à lui, avec le secret d'un incident qu'il n'aurait jamais cru
possible de connaître, un peu de la vie d'Odette, comme dans
une étroite section lumineuse pratiquée à même l'inconnu.
Puis sa jalousie s'en réjouissait, comme si cette jalousie
eût eu une vitalité indépendante, égoïste, vorace de tout ce
qui la nourrirait, fût-ce aux dépens de lui-même. Maintenant
elle avait un aliment et Swann allait pouvoir commencer
à s'inquiéter chaque jour des visites qu'Odette avait reçues
vers cinq heures, à chercher à apprendre où se trouvait*

---

1. Voir notamment *Sw.* II, 269.

Forcheville à cette heure-là. Car la tendresse de Swann continuait à garder le même caractère que lui avait imprimé dès le début à la fois l'ignorance où il était de l'emploi des journées d'Odette et la paresse cérébrale qui l'empêchait de suppléer à l'ignorance par l'imagination. Il ne fut pas jaloux d'abord de toute la vie d'Odette, mais des seuls moments où une circonstance, peut-être mal interprétée, l'avait amené à supposer qu'Odette avait pu le tromper. Sa jalousie, comme une pieuvre qui jette une première, puis une seconde, puis une troisième amarre, s'attacha solidement à ce moment de cinq heures du soir, puis à un autre, puis à un autre encore. Mais Swann ne savait pas inventer ses souffrances. Elles n'étaient que le souvenir, la perpétuation d'une souffrance qui lui était venue du dehors. (Sw. II, 93-94.)

Parfois, au risque de la fâcher, il se promettait de chercher à savoir où elle était allée, il rêvait d'une alliance avec Forcheville qui peut-être aurait pu le renseigner. D'ailleurs quand il savait avec qui elle passait la soirée, il était bien rare qu'il ne pût pas découvrir dans toutes ses relations à lui quelqu'un qui connaissait, fût-ce indirectement, l'homme avec qui elle était sortie et pouvait facilement en obtenir tel ou tel renseignement. Et tandis qu'il écrivait à un de ses amis pour lui demander de chercher à éclaircir tel ou tel point, il éprouvait le repos de cesser de se poser ces questions sans réponses et de transférer à un autre la fatigue d'interroger. (Sw. II, 136.)

Jadis ayant souvent pensé avec terreur qu'un jour il cesserait d'être épris d'Odette, il s'était promis d'être vigilant, et dès qu'il sentirait que son amour commencerait à le quitter, de s'accrocher à lui, de le retenir. Mais voici qu'à l'affaiblissement de son amour correspondait simultanément un affaiblissement du désir de rester amoureux. Car on ne peut pas changer, c'est-à-dire devenir une autre personne, tout en continuant à obéir aux sentiments de celle qu'on n'est plus. Parfois le nom, aperçu dans un journal, d'un des hommes qu'il supposait avoir pu être les amants d'Odette, lui redonnait de la jalousie. (Sw. II, 218.)

Puis la concurrence des autres formes de la vie rejeta dans l'ombre cette nouvelle douleur, et pendant ces jours-là, qui furent les premiers du printemps, j'eus même, en attendant que Saint-Loup pût voir Mme Bontemps, à imaginer Venise et de belles femmes inconnues, quelques moments de calme *agréable. Dès que je m'en aperçus, je sentis en moi une terreur panique. Ce calme que je venais de goûter, c'était la première apparition de cette grande force intermittente, qui allait lutter en moi contre la douleur, contre l'amour, et finirait par en avoir raison. Ce dont je venais d'avoir l'avant-goût et d'apprendre le présage, c'était pour un instant seulement ce qui plus tard serait chez moi un état permanent, une vie où je ne pourrais plus souffrir pour Albertine, où je ne l'aimerais plus. Et mon amour qui venait de reconnaître le seul ennemi par lequel il pût être vaincu, l'Oubli, se mit à frémir, comme un lion qui dans la cage où on l'a enfermé a aperçu tout d'un coup le serpent python qui le dévorera.*

... J'ai dit que l'oubli commençait à faire son œuvre. Mais un des effets de l'oubli était précisément — en faisant que beaucoup des aspects déplaisants d'Albertine, des heures ennuyeuses que je passais avec elle, ne se représentaient plus à ma mémoire, cessaient donc d'être des motifs à désirer qu'elle ne fût plus là comme je le souhaitais quand elle y était encore — de me donner d'elle une image sommaire, embellie de tout ce que j'avais éprouvé d'amour pour d'autres. Sous cette forme particulière, l'oubli, qui pourtant travaillait à m'habituer à la séparation, me faisait, en me montrant Albertine plus douce, souhaiter davantage son retour. (A. D., 46-47 et 65.)

Qu'on me pardonne d'être passé, dans cette dernière citation, de *Swann* à *Albertine disparue*. Car dans *Swann* je pouvais aussi bien choisir, par exemple :

... Il se disait que, quand il serait guéri, ce que pourrait faire Odette lui serait indifférent. Mais du sein de son état morbide, à vrai dire, il redoutait à l'égal de la mort une telle guérison, qui eût été en effet la mort de tout ce qu'il était actuellement. (Sw. II, 116.)

... ou encore :

... Ce que nous croyons notre amour, notre jalousie, n'est pas une même passion continue, indivisible. Ils se composent d'une infinité d'amours successifs, de jalousies différentes et qui sont éphémères, mais par leur multitude ininterrompue donnent l'impression de la continuité, l'illusion de l'unité. La vie de l'amour de Swann, la fidélité de sa jalousie, étaient faites de la mort, de l'infidélité, d'innombrables désirs, d'innombrables doutes, qui avaient tous Odette pour objet. (Sw. II, 211.)

... et, revenant enfin à *Albertine disparue*, rapprocher de ces deux textes de *Swann* les lignes suivantes :

> *Je n'avais plus qu'un espoir pour l'avenir — espoir bien plus déchirant qu'une crainte, — c'était d'oublier Albertine. Je savais que je l'oublierais un jour, j'avais bien oublié Gilberte, Mme de Guermantes, j'avais bien oublié ma grand'mère. Et c'est notre plus juste et plus cruel châtiment de l'oubli si total, paisible comme ceux des cimetières, par quoi nous nous sommes détachés de ceux que nous n'aimons plus, que nous entrevoyons ce même oubli comme inévitable à l'égard de ceux que nous aimons encore (...) On n'est que par ce qu'on possède, on ne possède que ce qui vous est réellement présent, et tant de nos souvenirs, de nos humeurs, de nos idées partent faire des voyages loin de nous-même, où nous les perdons de vue ! Alors nous ne pouvons plus les faire entrer en ligne de compte de ce total qui est notre être. Mais ils ont des chemins secrets pour rentrer en nous. Et certains soirs m'étant endormi sans presque plus regretter Albertine — on ne peut regretter que ce qu'on se rappelle, — au réveil je trouvais toute une flotte de souvenirs qui étaient venus croiser en moi dans ma plus claire conscience, et que je distinguais à merveille. Alors je pleurais ce que je voyais si bien et qui, la veille, n'était pour moi que néant.* (A. D., 92 et 100.)

Classique, en tout cas, cette perspective selon laquelle l'amour ne peut être vécu que dans le malheur. « *Aventure sentimentale pas très heureuse m'a plu dans votre lettre,* écrit Proust à Georges de Lauris. *Il y en a donc d'heureuses ? Oui, il y a des veinards qui l'assurent et chez qui ces aventures-là sont très heureuses, mais je me demande si elles sont vraiment sentimentales.* » (A un ami, 216). « *Au reste, comment a-t-on le courage de souhaiter vivre, comment peut-on faire un mouvement pour se préserver de la mort, dans un monde où l'amour n'est provoqué que par le mensonge et consiste seulement dans notre besoin de voir nos souffrances apaisées par l'être qui nous a fait souffrir ?* » (P. I, 122-23). Ces souffrances, pourtant, sont utiles à l'écrivain, et c'est Proust lui-même qui note :

> *Aussi fallait-il me résigner, puisque rien ne peut durer qu'en devenant général et si l'esprit ment à soi-même, à l'idée que même les êtres qui furent le plus chers à l'écrivain n'ont fait, en fin de compte, que poser pour lui comme chez les peintres.*

Parfois, quand un morceau douloureux est resté à l'état d'ébauche, une nouvelle tendresse, une nouvelle souffrance nous arrivent qui nous permettent de le finir, de l'étoffer.

... On peut presque dire que les œuvres, comme dans les puits artésiens, montent d'autant plus haut que la souffrance a plus profondément creusé le cœur. (...) Mais tout de même, quand un être est si mal conformé (et peut-être dans la nature cet être est-il l'homme) qu'il ne puisse aimer sans souffrir, et qu'il faille souffrir pour apprendre des vérités, la vie d'un tel être finit par être bien lassante. Les années heureuses sont les années perdues, on attend une souffrance pour travailler. L'idée de la souffrance préalable s'associe à l'idée du travail, on a peur de chaque nouvelle œuvre en pensant aux douleurs qu'il faudra supporter d'abord pour l'imaginer. Et comme on comprend que la souffrance est la meilleure chose que l'on puisse rencontrer dans la vie, on pense sans effroi, presque comme à une délivrance, à la mort. (...) Les chagrins sont des serviteurs obscurs, détestés, contre lesquels on lutte, sous l'empire de qui on tombe de plus en plus, des serviteurs atroces, impossibles à remplacer et qui par des voies souterraines nous mènent à la vérité et à la mort. Heureux ceux qui ont rencontré la première avant la seconde, et pour qui, si proches qu'elles doivent être l'une de l'autre, l'heure de la vérité a sonné avant l'heure de la mort. (T. R. II, 61-67.)

Le lecteur trouvera dans les quelques pages qui suivent (98 à 106) une sorte d'album de famille en raccourci.

LE GRAND-PÈRE ET...

...LA GRAND'MÈRE WEIL

LE PÈRE...

... ET LA MÈRE

LES DEUX FRÈRES

ROBERT PROUST

MARCEL A 18 ANS, LORS DE SON VOLONTARIAT
(*Collection* Mme Simone André-Maurois.)

★

Ce que Proust a inventé, ce sont « *les intermittences du cœur* » :

A n'importe quel moment que nous la considérions, notre âme totale n'a qu'une valeur presque fictive, malgré le nombreux bilan de ses richesses, car tantôt les unes, tantôt les autres sont indisponibles, qu'il s'agisse d'ailleurs de richesses effectives aussi bien que de celles de l'imagination, et pour moi, par exemple, tout autant que de l'ancien nom de Guermantes, de celles, combien plus graves, du souvenir vrai de ma grand'mère. Car aux troubles de la mémoire sont liées les intermittences du cœur. C'est sans doute l'existence de notre corps, semblable pour nous à un vase où notre spiritualité serait enclose, qui nous induit à supposer que tous nos biens intérieurs, nos joies passées, toutes nos douleurs sont perpétuellement en notre possession. (S. G. I, 213.)

Et c'est une « *psychologie dans le temps* » :

Comme il y a une géométrie dans l'espace, il y a une psychologie dans le temps, où les calculs d'une psychologie plane ne seraient plus exacts parce qu'on n'y tiendrait pas compte du temps et d'une des formes qu'il revêt, l'oubli ; l'oubli dont je commençais à sentir la force et qui est un si puissant instrument d'adaptation à la réalité parce qu'il détruit peu à peu en nous le passé survivant qui est en constante contradiction avec elle. Et j'aurais vraiment bien pu deviner plus tôt qu'un jour je n'aimerais plus Albertine. Quand j'avais compris, par la différence qu'il y avait entre ce que l'importance de sa personne et de ses actions était pour moi et pour les autres, que mon amour était moins un amour pour elle qu'un amour en moi, j'aurais pu déduire diverses conséquences de ce caractère subjectif de mon amour, et, qu'étant un état mental, il pouvait notamment survivre assez longtemps à la personne, mais aussi que n'ayant avec cette personne aucun lien véritable, n'ayant aucun soutien en dehors de soi, il devrait, comme tout état mental, même les plus durables, se trouver un jour hors d'usage, être « remplacé », et que ce jour-là tout ce qui semblait m'attacher si doucement, indissolublement, au souvenir d'Albertine n'existerait plus pour moi. C'est le malheur des êtres de n'être pour nous que des planches de collections fort usables dans notre pensée. Justement à cause de cela on fonde sur eux des projets qui ont l'ardeur de la pensée ; mais la pensée se fatigue, le souvenir se détruit, le jour viendrait où je donnerais volontiers à la première venue la chambre d'Albertine, comme j'avais sans aucun chagrin donné à Albertine la bille d'agate ou d'autres présents de Gilberte. (A. D., 191-92.)

Mais cette psychologie à la fois classique et renouvelée, pour nous en tenir à l'amour, — d'où est-elle née ? Notons d'abord que l'on trouve aussi dans « *Un amour de Swann* » cette enquête de l'amoureux quant à de possibles liaisons entre sa maîtresse et d'autres femmes, qui sera l'un des thèmes fondamentaux d'*Albertine disparue*. Swann interroge Odette avec les mêmes mots que le narrateur Albertine, les demi-aveux étant, ici et là, les mêmes, de même le désespoir de l'amant, — à qui cette intrusion de Gomorrhe dans sa vie fait éprouver une sorte de jalousie à la seconde puissance :

— Odette, lui dit-il, mon chéri, je sais bien que je suis odieux, mais il faut que je te demande des choses. Tu te souviens de l'idée que j'avais eue à propos de toi et de Mme Verdurin ? Dis-moi si c'était vrai, avec elle ou avec une autre.

Elle secoua la tête en fronçant la bouche, signe fréquemment employé par les gens pour répondre qu'ils n'iront pas, que cela les ennuie, à quelqu'un qui leur a demandé : « Viendrez-vous voir passer la cavalcade, assisterez-vous à la Revue ? » Mais ce hochement de tête affecté ainsi d'habitude à un événement à venir mêle à cause de cela de quelque incertitude la dénégation d'un événement passé. De plus il n'évoque que des raisons de convenance personnelle plutôt que la réprobation, qu'une impossibilité morale. En voyant Odette lui faire ainsi le signe que c'était faux, Swann comprit que c'était peut-être vrai

— *Je te l'ai dit, tu le sais bien*, ajouta-t-elle d'un air irrité et malheureux.

— *Oui, je sais, mais en es-tu sûre ? Ne me dis pas : « Tu le sais bien »*, dis-moi : *« Je n'ai jamais fait ce genre de choses avec aucune femme ».*

Elle répéta comme une leçon, sur un ton ironique, et comme si elle voulait se débarrasser de lui :

— *Je n'ai jamais fait ce genre de choses avec aucune femme.*

— *Peux-tu me le jurer sur ta médaille de Notre-Dame de Laghet ?*

Swann savait qu'Odette ne se parjurerait pas sur cette médaille-là. (...)

— *Mais je n'en sais rien, moi*, s'écria-t-elle avec colère, *peut-être il y a très longtemps, sans me rendre compte de ce que je faisais, peut-être deux ou trois fois.*

Swann avait envisagé toutes les possibilités. La réalité est donc quelque chose qui n'a aucun rapport avec les possibilités, pas plus qu'un coup de couteau que nous recevons avec les légers mouvements des nuages au-dessus de notre tête, puisque ces mots : *« deux ou trois fois »* marquèrent à vif une sorte de croix dans son cœur. Chose étrange que ces mots « deux ou trois fois », rien que des mots, des mots prononcés dans l'air, à distance, puissent ainsi déchirer le cœur comme s'ils le touchaient véritablement, puissent rendre malade, comme un poison qu'on absorberait. (...)

— *Ma chérie*, lui dit-il, *c'est fini, était-ce avec une personne que je connais ?*

— *Mais non je te jure, d'ailleurs je crois que j'ai exagéré, que je n'ai pas été jusque-là.*

Il sourit et reprit :

— *Que veux-tu ? cela ne fait rien, mais c'est malheureux que tu ne puisses pas me dire le nom. De pouvoir me représenter la personne, cela m'empêcherait de plus jamais y penser. Je le dis pour toi parce que je ne t'ennuierais plus. C'est si calmant de se représenter les choses ! Ce qui est affreux, c'est ce qu'on ne peut pas imaginer. Mais tu as déjà été si gentille, je ne veux pas te fatiguer. Je te remercie de tout mon cœur de tout le bien que tu m'as fait. C'est fini. Seulement ce mot : « Il y a combien de temps ? »*

— *Oh ! Charles, mais tu ne vois pas que tu me tues ! c'est tout ce qu'il y a de plus ancien. Je n'y avais jamais repensé, on dirait que tu veux absolument me redonner ces idées-là. Tu seras bien avancé, dit-elle, avec une sottise inconsciente et une méchanceté voulue.*

— Oh ! je voulais seulement savoir si c'est depuis que je te connais. Mais ce serait si naturel, est-ce que ça se passait ici ? tu ne peux pas me dire un certain soir, que je me représente ce que je faisais ce soir-là ; tu comprends bien qu'il n'est pas possible que tu ne te rappelles pas avec qui, Odette, mon amour.

— Mais je ne sais pas, moi, je crois que c'était au Bois un soir où tu es venu nous retrouver dans l'île. Tu avais dîné chez la princesse des Laumes, dit-elle, heureuse de fournir un détail précis qui attestait sa véracité. A une table voisine il y avait une femme que je n'avais pas vue depuis très longtemps. Elle m'a dit : « Venez donc derrière le petit rocher voir l'effet du clair de lune sur l'eau. » D'abord j'ai bâillé et j'ai répondu : « Non, je suis fatiguée et je suis bien ici. » Elle a assuré qu'il n'y avait jamais eu un clair de lune pareil. Je lui ai dit : « Cette blague ! » ; je savais bien où elle voulait en venir. (Sw. II, 198 sqq.)

Cette référence à Gomorrhe a quelque chose de si appuyé, elle est relativement si fréquente, que nous nous demandons si elle n'est pas, dans l'œuvre de Proust, le signe de tout autre chose.

A André Gide, qui le rapporte dans son *Journal*, Proust avouait un jour, et se reprochait, « cette *indécision* qui l'avait fait, pour nourrir la partie hétéro-sexuelle de son livre, transposer *à l'ombre des jeunes filles* tout ce que ses souvenirs homosexuels lui proposaient de gracieux, de tendre et de charmant, de sorte qu'il ne lui restait plus pour *Sodome* que du grotesque et de l'abject ». Mais *Sodome* et *Gomorrhe*, tout autant qu'aux anormales amours de M. de Charlus, est consacré à celles — normales ou données comme telles — du narrateur pour Albertine. Marcel Proust a donc transposé, là aussi, tout comme il disait l'avoir fait pour *A l'ombre des jeunes filles en fleurs* : Albertine, on le sait, s'appelait Albert. Parfois, d'ailleurs, c'est l'auteur lui-même qui se trahit, notant par exemple : « *Le cou d'Albertine qui sortait tout entier de sa chemise, était puissant, doré, à gros grains »* (S. G. II, 353). Ce qui ne serait rien si l'on ne rencontrait ailleurs cette précision quant à *« son cou puissant, qu'alors je ne trouvais jamais assez brun ni d'assez gros grains, comme si ces solides qualités eussent été en rapport avec quelque bonté loyale chez Albertine »* (P. I, 99-100).

Proust a bien pu avouer à Gide « n'avoir jamais aimé les femmes que spirituellement et n'avoir jamais connu d'amour qu'avec les hommes », il n'en a pas moins acquis par cette voie détournée une connaissance approfondie de l'amour traditionnel, — la leçon-type de la passion restant quant à l'essentiel assez semblable dans ses différentes manifestations, normales ou non, pour qu'il soit possible de passer sans contre-sens des unes aux autres. Albert (ine) n'avait de prédisposition pour ce que le narrateur appelle *le vice* (en parlant de Lesbos) qu'autant qu'il s'adonnait à ce qui cessait précisément d'être un vice : l'amour de *l'autre* sexe. Gomorrhe n'est ici qu'un nouveau déguisement de Sodome, avoué dans le titre mais dissimulé dans le texte. Proust était en droit d'écrire :

... Ici le rival n'était pas semblable à moi, ses armes étaient différentes, je ne pouvais pas lutter sur le même terrain, donner à Albertine les mêmes plaisirs, ni même les concevoir exactement. (S. G. II, 347.)

En changeant le sexe d'Albert, l'auteur de *Sodome et Gomorrhe* n'a point consenti, quoi qu'en ait pensé André Gide, à une mutilation fondamentale de la réalité amoureuse. Toutes les joies et toutes les souffrances de l'amour se ressemblent, quelle que soit la nature particulière des rapports dans lesquels cet amour se manifeste. C'est pourquoi Proust, aussi bien que Mme de La Fayette, Racine, Stendhal, Constant ou Flaubert, enrichit notre connaissance du cœur humain, — et cela, en dépit des apparences, dans le même domaine qu'eux : à peine impose-t-il à ses analyses un degré supplémentaire dans la transposition. Et la naïveté de notre auteur n'est que feinte lorsqu'il écrit par exemple que le cas de M. de Charlus, *« en somme, avec cette légère différenciation due à la similitude du sexe, rentre dans les lois générales de l'amour. »* (T. R. I, 169). Ou bien :

L'écrivain ne doit pas s'offenser que l'inverti donne à ses héroïnes un visage masculin. Cette particularité un peu aberrante permet seule à l'inverti de donner ensuite à ce qu'il lit toute sa généralité. Si M. de Charlus n'avait pas donné à l'« infidèle » sur qui Musset pleure dans la Nuit d'Octobre ou dans le Souvenir le visage de Morel, il n'aurait ni pleuré, ni compris, puisque c'était par cette seule voie, étroite et détournée, qu'il avait accès aux vérités de l'amour. (...) Mais d'autres particularités (comme l'inversion) peuvent faire que le lecteur ait besoin de lire d'une certaine façon pour bien lire ; l'auteur n'a pas à s'en offenser mais, au contraire, à laisser la plus grande liberté au lecteur en lui disant : « Regardez vous-même si vous voyez mieux avec ce verre-ci, avec celui-là, avec cet autre. » (T. R. II, 68-69.)

Tant que sa mère vécut, Marcel Proust se garda, dans ses écrits, de toute référence explicite à Sodome et à cette autre face du même vice qu'est Gomorrhe (dont il apparut semblablement hanté pour des raisons qui, nous l'avons vu, semblent beaucoup plus de déguisement que de symétrie. Sans doute se dessinent-ils souvent en filigrane de *Jean Santeuil*, mais avec un degré tel de transposition que si le livre, mené à son terme, avait été publié à l'époque, nul ne s'en serait aperçu. Déjà, pourtant, de longs passages n'y prennent leur véritable signification que si l'on y entend au masculin le pronom féminin qui est écrit. Sa mère morte, Proust n'a plus à redouter le chagrin, immense à coup sûr, qu'il lui eût fait en dévoilant cet aspect de lui-même, dont elle n'aura ainsi jamais eu le soupçon.

Il n'en faudrait pas conclure à une véritable réconciliation de Proust avec lui-même. Dans un texte de la maturité, publié pour la première fois par André Maurois, l'écrivain nous livre, — sous l'alibi d'une description du cas Bergotte, — la clef de cette coïncidence, dans sa vie, des plus nobles ambitions morales et d'un amoralisme de fait :

Son œuvre était bien plus morale, plus préoccupée du bien, que n'est l'art pur, plus préoccupée du péché, du scrupule, jusqu'à voir une mortelle tristesse des choses les plus simples, jusqu'à voir des abîmes sous les pas de tous les jours.

Et sa vie, sa vie était bien plus immorale, bien plus condamnée au mal, au péché, ne s'embarrassant pas, ou se débarrassant des scrupules qui arrêtent les autres hommes, jusqu'à faire des choses dont les moins délicats s'abstiennent. Et ceux qui, comme Legrandin, aimaient ses livres et connaissaient sa vie pouvaient en effet trouver une sorte de comique, qu'ils estimaient tout à fait de ce temps-ci, à mettre en regard quelques mots admirables, d'une morale si délicate, si sévère, qui eût fait paraître la vie des plus grands hommes de bien jusqu'ici grossière et peu soucieuse de morale, et quelques actes notoires, quelques situations scandaleuses de sa vie. Et c'était peut-être en effet quelque chose de ce temps que ses artistes soient à la fois plus conscients de la douleur du péché et plus condamnés au péché que n'étaient ceux qui les avaient précédés, niant aux yeux du monde leur vie, en se rapportant au vieux point d'honneur, à l'ancienne morale, par amour-propre et pour considérer comme offensant ce qu'ils faisaient. Et d'autre part, dans leur morale à eux, faisant plutôt consister le bien dans une sorte de conscience douloureuse du mal, à l'éclairer, à s'en affliger, plutôt qu'à s'en abstenir. Peut-être, comme certaines apparences morbides peuvent être l'effet de deux maladies absolument différentes, y a-t-il des méchants indélicats qui, au lieu de l'être comme beaucoup par insuffisance de sensibilité, le sont par excès de sensibilité. Et l'étonnement qu'on pouvait avoir à voir émaner d'eux des œuvres qui semblent exiger une grande délicatesse de sensibilité, s'ils appartiennent à la première famille, tombe en partie si l'on va au delà des apparences et qu'on se rend compte qu'ils appartiennent à la seconde...

En une sorte de transmutation, le mal — ou plutôt la conscience douloureuse, et la plus aiguë possible, du mal — devient le seul bien dont se croie capable cette âme malade et qui sans doute ignore, par delà toutes les alchimies littéraires, sa vraie noblesse. Ce n'était certes pas le seul bien dont elle fût capable, l'œuvre elle-même devant naître de cette conscience et la transcender. Une phrase de George Eliot — qu'il admirait beaucoup — semblait à Marcel Proust particulièrement belle : celle où la romancière parle de *ces grandes œuvres qui permettent de réconcilier le désespoir de soi-même avec le sentiment délicieux d'une vie située hors de soi.*

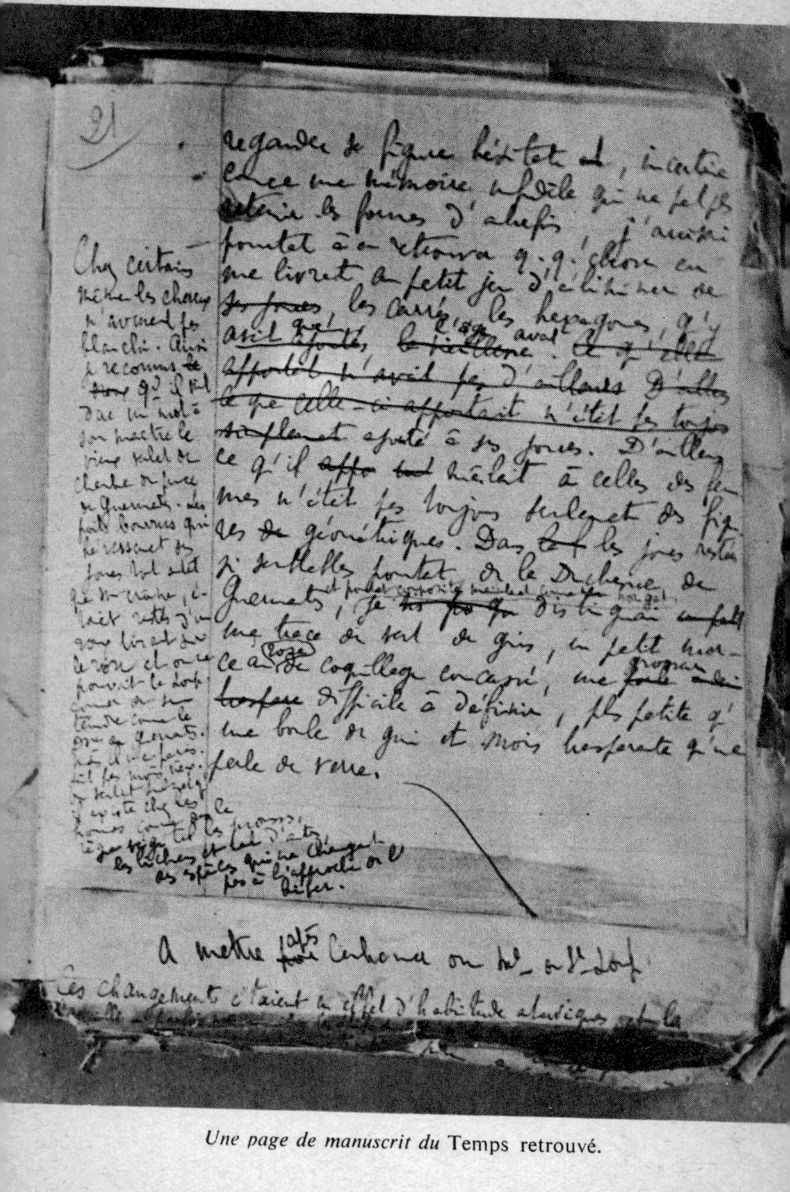

Une page de manuscrit du Temps retrouvé.

LA MORT

Dès les pages d'introduction de *Les Plaisirs et les Jours*, on trouve associés sous la plume du jeune Proust cette exigence profonde qu'on nomme le sens moral, et le thème de la mort comme une constante présence au cœur même de la vie :

On prend tant d'engagements envers la vie qu'il vient une heure où, découragé de pouvoir jamais les tenir tous, on se tourne vers les tombes, on appelle la mort, « la mort qui vient en aide aux destinées qui ont peine à s'accomplir ». Mais si elle nous délie des engagements que nous avons pris envers la vie, elle ne peut nous délier de ceux que nous avons pris envers nous-mêmes, et du premier surtout, qui est de vivre pour valoir et mériter.

Il y a d'abord la mort des autres — notre mort pour les autres. La mort de Swann, par exemple, et le peu d'importance que l'annonce de sa proche et inéluctable venue revêt aux yeux du duc et de la duchesse de Guermantes qui sont pourtant ses amis :

« Eh bien, en un mot la raison qui vous empêchera de venir en Italie ? questionna la duchesse en se levant pour prendre congé de nous.

— Mais, ma chère amie, c'est que je serai mort depuis plusieurs mois. D'après les médecins que j'ai consultés, à la fin de l'année le mal que j'ai, et qui peut du reste m'emporter de suite, ne me laissera pas en tous les cas plus de trois ou quatre mois à vivre, et encore c'est un grand maximum, répondit Swann en souriant, tandis que le valet de pied ouvrait la porte vitrée du vestibule pour laisser passer la duchesse.

— Qu'est-ce que vous me dites là ? » s'écria la duchesse en s'arrêtant une seconde dans sa marche vers la voiture et en

levant ses beaux yeux bleus et mélancoliques, mais pleins d'incertitude. Placée pour la première fois de sa vie entre deux devoirs aussi différents que monter dans sa voiture pour aller dîner en ville, et témoigner de la pitié à un homme qui va mourir, elle ne voyait rien dans le code des convenances qui lui indiquât la jurisprudence à suivre et, ne sachant auquel donner la préférence, elle crut devoir faire semblant de ne pas croire que la seconde alternative eût à se poser, de façon à obéir à la première qui demandait en ce moment moins d'efforts, et pensa que la meilleure manière de résoudre le conflit était de le nier. « Vous voulez plaisanter ? dit-elle à Swann.

— Ce serait une plaisanterie d'un goût charmant, répondit ironiquement Swann. Je ne sais pas pourquoi je vous dis cela, je ne vous avais pas parlé de ma maladie jusqu'ici. Mais comme vous me l'avez demandé et que maintenant je peux mourir d'un jour à l'autre... Mais surtout je ne veux pas que vous vous retardiez, vous dînez en ville », ajouta-t-il parce qu'il savait que, pour les autres, leurs propres obligations, mondaines priment la mort d'un ami, et qu'il se mettait à leur place, grâce à sa politesse. Mais celle de la duchesse lui permettait aussi d'apercevoir confusément que le dîner où elle allait devait moins compter pour Swann que sa propre mort. (...) Mme de Guermantes s'avança décidément vers la voiture et redit un dernier adieu à Swann. « Vous savez, nous reparlerons de cela, je ne crois pas un mot de ce que vous dites, mais il faut en parler ensemble. On vous aura bêtement effrayé, venez déjeuner, le jour que vous voudrez (pour Mme de Guermantes tout se résolvait toujours en déjeuners), vous me direz votre jour et votre heure », et relevant sa jupe rouge elle posa son pied sur le marchepied. Elle allait entrer en voiture, quand, voyant ce pied, le duc s'écria d'une voix terrible : « Oriane, qu'est-ce que vous alliez faire, malheureuse. Vous avez gardé vos souliers noirs ! Avec une toilette rouge ! Remontez vite mettre vos souliers rouges, ou bien, dit-il au valet de pied, dites tout de suite à la femme de chambre de Mme la duchesse de descendre des souliers rouges » (...) Adieu, mes petits enfants, dit-il en nous repoussant doucement, allez-vous-en avant qu'Oriane ne redescende. Ce n'est pas qu'elle n'aime vous voir tous les deux. Au contraire c'est qu'elle aime trop vous voir. Si elle vous trouve encore là, elle va se remettre à parler, elle est déjà très fatiguée, elle arrivera au dîner morte. Et puis je vous avouerai franchement que moi je meurs de faim. J'ai très mal déjeuné ce matin en descendant de train.

Il y avait bien une sacrée sauce béarnaise, mais malgré cela, je ne serai pas fâché du tout, mais du tout, de me mettre à table. Huit heures moins cinq ! Ah ! les femmes ! Elle va nous faire mal à l'estomac à tous les deux. Elle est bien moins solide qu'on ne croit. » Le duc n'était nullement gêné de parler des malaises de sa femme et des siens à un mourant, car les premiers, l'intéressant davantage, lui apparaissaient plus importants. Aussi fut-ce seulement par bonne éducation et gaillardise, qu'après nous avoir éconduits gentiment, il cria à la cantonade et d'une voix de stentor, de la porte, à Swann qui était déjà dans la cour : — Et puis vous, ne vous laissez pas frapper par ces bêtises des médecins, que diable ! Ce sont des ânes. Vous vous portez comme le Pont Neuf. Vous nous enterrerez tous ! (C. G. III, 284 sqq.)

Les célèbres pages sur l'attaque, l'agonie et la mort de la grand'mère du narrateur sont pour Marcel Proust l'occasion d'une méditation d'autant plus émouvante que c'est, on le sent bien, de la *présence* de sa propre mort qu'il y parle en réalité :

Nous disons bien que l'heure de la mort est incertaine, mais quand nous disons cela, nous nous représentons cette heure comme située dans un espace vague et lointain, nous ne pensons pas qu'elle ait un rapport quelconque avec la journée déjà commencée et puisse signifier que la mort — ou sa première prise de possession partielle de nous, après laquelle elle ne nous lâchera plus — pourra se produire dans cet après-midi même, si peu incertain, cet après-midi où l'emploi de toutes les heures est réglé d'avance. On tient à sa promenade pour avoir dans un mois le total de bon air nécessaire, on a hésité sur le choix d'un manteau à emporter, du cocher à appeler, on est en fiacre, la journée est tout entière devant vous, courte, parce qu'on veut être rentré à temps pour recevoir une amie ; on voudrait qu'il fît aussi beau le lendemain ; et on ne se doute pas que la mort, qui cheminait en vous dans un autre plan, au milieu d'une impénétrable obscurité, a choisi précisément ce jour-là pour entrer en scène, dans quelques minutes, à peu près à l'instant où la voiture atteindra les Champs-Élysées. Peut-être ceux que hante d'habitude l'effroi de la singularité particulière à la mort, trouveront-ils quelque chose de rassurant à ce genre de mort-là — à ce genre de premier contact avec la mort — parce qu'elle y revêt une apparence connue, familière, quotidienne. Un bon déjeuner l'a précédée et la même sortie que

font des gens bien portants. Un retour en voiture découverte
se superpose à sa première atteinte ; si malade que fût ma
grand'mère, en somme plusieurs personnes auraient pu dire
qu'à six heures, quand nous revînmes des Champs-Élysées,
elles l'avaient saluée, passant en voiture découverte, par un
temps superbe. Legrandin, qui se dirigeait vers la place de la
Concorde, nous donna un coup de chapeau, en s'arrêtant,
l'air étonné. Moi qui n'étais pas encore détaché de la vie, je
demandai à ma grand'mère si elle lui avait répondu, lui
rappelant qu'il était susceptible. Ma grand'mère, me trouvant
sans doute bien léger, leva sa main en l'air comme pour dire :
« Qu'est-ce que cela fait ? cela n'a aucune importance. » (...)

Et si Legrandin nous avait regardés de cet air étonné,
c'est qu'à lui comme à ceux qui passaient alors, dans le fiacre
où ma grand'mère semblait assise sur la banquette, elle était
apparue sombrant, glissant à l'abîme, se retenant désespéré-
ment aux coussins qui pouvaient à peine retenir son corps
précipité, les cheveux en désordre, l'œil égaré, incapable de
plus faire face à l'assaut des images que ne réussissait plus à
porter sa prunelle. Elle était apparue, bien qu'à côté de moi,
plongée dans ce monde inconnu au sein duquel elle avait déjà
reçu les coups dont elle portait les traces quand je l'avais vue
tout à l'heure aux Champs-Élysées, son chapeau, son visage,
son manteau dérangés par la main de l'ange invisible avec
lequel elle avait lutté. J'ai pensé, depuis, que ce moment de son
attaque n'avait pas dû surprendre entièrement ma grand'
mère, que peut-être même elle l'avait prévu longtemps d'avance,
avait vécu dans son attente. Sans doute, elle n'avait pas su
quand ce moment fatal viendrait, incertaine, pareille aux
amants qu'un doute du même genre porte tour à tour à fonder
des espoirs déraisonnables et des soupçons injustifiés sur la
fidélité de leur maîtresse. Mais il est rare que ces grandes
maladies, telles que celle qui venait enfin de la frapper en
plein visage, n'élisent pas pendant longtemps domicile chez le
malade avant de le tuer, et durant cette période ne se fassent
pas assez vite, comme un voisin ou un locataire « liant »,
connaître de lui. C'est une terrible connaissance, moins par les
souffrances qu'elle cause que par l'étrange nouveauté des res-
trictions définitives qu'elle impose à la vie. On se voit mourir,
dans ce cas, non pas à l'instant même de la mort, mais des
mois, quelquefois des années auparavant, depuis qu'elle est
hideusement venue habiter chez nous. La malade fait la connaissance de l'étranger qu'elle entend aller et venir dans son

cerveau. *Certes elle ne le connaît pas de vue, mais des bruits qu'elle l'entend régulièrement faire elle déduit ses habitudes. Est-ce un malfaiteur ? Un matin, elle ne l'entend plus. Il est parti. Ah ! si c'était pour toujours ! Le soir, il est revenu. Quels sont ses desseins ? Le médecin consultant, soumis à la question, comme une maîtresse adorée, répond par des serments tel jour crus, tel jour mis en doute. Au reste, plutôt que celui de la maîtresse, le médecin joue le rôle des serviteurs interrogés. Ils ne sont que des tiers. Celle que nous pressons, dont nous soupçonnons qu'elle est sur le point de nous trahir, c'est la vie elle-même, et malgré que nous ne la sentions plus la même, nous croyons encore en elle, nous demeurons en tout cas dans le doute jusqu'au jour qu'elle nous a enfin abandonnés.* (C. G. II, 183 sqq.)

Dans un article sur Baudelaire, qu'il écrivit quelques mois avant de mourir, Proust évoque la mort en quelques allusions poignantes : « *Hugo n'a cessé de parler de la mort, mais avec le détachement d'un gros mangeur et d'un grand jouisseur. Peut-être hélas ! faut-il contenir la mort prochaine en soi, être menacé d'aphasie, comme Baudelaire, pour avoir cette lucidité dans la souffrance véritable, ces accents religieux dans les pièces sataniques, peut-être faut-il avoir ressenti les mortelles fatigues qui précèdent la mort...* » — et il insiste sur le cas de ces malades, « *un Baudelaire, mieux encore, un Dostoiewski qui, en trente ans, entre leurs crises d'épilepsie et autres, créent tout ce dont une lignée de mille artistes seulement bien portants n'auraient pu faire un alinéa...* »

Tel son Bergotte, Marcel Proust « *ne sortait plus de chez lui, et quand il se levait une heure dans sa chambre, c'était tout enveloppé de châles, de plaids, de tout ce dont on se couvre au moment de s'exposer à un grand froid ou de monter en chemin de fer. Il s'en excusait auprès des rares amis qu'il laissait pénétrer auprès de lui, et montrant ses tartans, ses couvertures, il disait gaiement : « Que voulez-vous, mon cher, Anaxagore l'a dit, la vie est un voyage. » Il allait ainsi, se refroidissant progressivement, petite planète qui offrait une image anticipée de la grande quand, peu à peu, la chaleur se retirera de la terre, puis la vie...* » (P. I, 242).

Et peut-être découvrait-il lui aussi la mort sous un aspect insolite, car « *bien souvent la pensée des agonisants est tournée vers le côté affectif, douloureux, obscur, viscéral, vers cet envers de la mort qui est précisément le côté qu'elle leur présente, qu'elle leur fait rudement sentir et qui ressemble beau-*

coup plus à un fardeau qui les écrase, à une difficulté de respirer, à un besoin de boire, qu'à ce que nous appelons l'idée de la mort » (Sw. I, 118).

Cette idée de la mort s'installa définitivement en moi comme fait un amour. Non que j'aimasse la mort, je la détestais. Mais, après y avoir songé sans doute de temps en temps, comme à une femme qu'on n'aime pas encore, maintenant sa pensée adhérait à la plus profonde couche de mon cerveau si complètement que je ne pouvais m'occuper d'une chose, sans que cette chose traversât d'abord l'idée de la mort, et même si je ne m'occupais de rien et restais dans un repos complet, l'idée de la mort me tenait compagnie aussi incessante que l'idée du moi. Je ne pense pas que, le jour où j'étais devenu un demi-mort, c'étaient les accidents qui avaient caractérisé cela, l'impossibilité de descendre un escalier, de me rappeler un nom, de me lever, qui avaient causé, par un raisonnement même inconscient, l'idée de la mort, que j'étais déjà à peu près mort, mais plutôt que c'était venu ensemble, qu'inévitablement ce grand miroir de l'esprit reflétait une réalité nouvelle. Pourtant je ne voyais pas comment des maux que j'avais pu passer sans être averti à la mort complète. Mais alors je pensais aux autres, à tous ceux qui chaque jour meurent sans que l'hiatus entre leur maladie et leur mort nous semble extraordinaire. Je pensais même que c'était seulement parce que je les voyais de l'intérieur (plus encore que par les tromperies de l'espérance) que certains malaises ne me semblaient pas mortels, pris un à un, bien que je crusse à ma mort, de même que ceux qui sont le plus persuadés que leur terme est venu sont néanmoins persuadés aisément que, s'ils ne peuvent pas prononcer certains mots, cela n'a rien à voir avec une attaque, une crise d'aphasie, mais vient d'une fatigue de la langue, d'un état nerveux analogue au bégaiement, de l'épuisement qui a suivi une indigestion. (T. R. II, 247-48.)

Le voici donc, tel qu'en passant il se décrit :

Moi, l'étrange humain qui, en attendant que la mort le délivre, vis les volets clos et ne sais rien du monde, reste immobile comme un hibou et, comme celui-ci, ne vois un peu clair que dans les ténèbres. (S. G. II, 163.)

Ses forces « sont chaque jour plus envahies par la mort ». Des projets ? « Mais la mort empêche tout et je vis avec elle. » (COR. V, 71). Il commence ainsi une lettre à Émile Mâle : « Cher Monsieur, je viens de passer de longues années véri-

tablement au tombeau, où je suis toujours. » (Cité par Robert de Billy, *o. c.*, 118.)

Il y a longtemps qu'il ne sort plus, ou presque plus. Très peu de mois pourtant avant sa mort, afin de revoir un Vermeer qu'il a aimé, Marcel Proust quitte un matin sa retraite pour visiter, en compagnie de Jean-Louis Vaudoyer, une exposition au musée du Jeu de Paume. Il y est pris d'un malaise qu'il attribuera par la suite à une mauvaise digestion, mais qui, dans le moment même, l'initie mieux encore non certes à la mort, que nul vivant ne peut évidemment connaître, mais à ses approches immédiates, à cette grande banlieue douloureuse qui la précède. Dès qu'il se sent mieux, il met à profit cette « expérience de la mort » pour écrire le morceau que voici, — qui, si l'on en juge par l'exceptionnelle absence de ratures et de rejets sur le manuscrit, lui est venu d'un seul élan :

Bergotte mourut dans les circonstances suivantes : Une crise d'urémie assez légère était cause qu'on lui avait prescrit le repos. Mais un critique ayant écrit que dans la Vue de Delft *de Vermeer (prêté par le musée de La Haye pour une exposition hollandaise), tableau qu'il adorait et croyait connaître très bien, un petit pan de mur jaune (qu'il ne se rappelait pas) était si bien peint, qu'il était, si on le regardait seul, comme une précieuse œuvre d'art chinoise, d'une beauté qui se suffirait à elle-même, Bergotte mangea quelques pommes de terre, sortit et entra à l'exposition. Dès les premières marches qu'il eut à gravir, il fut pris d'étourdissements. Il passa devant plusieurs tableaux et eut l'impression de la sécheresse et de l'inutilité d'un art si factice, et qui ne valait pas les courants d'air et de soleil d'un palazzo de Venise, ou d'une simple maison au bord de la mer. Enfin il fut devant le Vermeer, qu'il se rappelait plus éclatant, plus différent de tout ce qu'il connaissait, mais où, grâce à l'article du critique, il remarqua pour la première fois des petits personnages en bleu, que le sable était rose, et enfin la précieuse matière du tout petit pan de mur jaune. Ses étourdissements augmentaient ; il attachait son regard, comme un enfant à un papillon jaune qu'il veut saisir, au précieux petit pan de mur. « C'est ainsi que j'aurais dû écrire, disait-il. Mes derniers livres sont trop secs, il aurait fallu passer plusieurs couches de couleur, rendre ma phrase en elle-même précieuse, comme ce petit pan de mur jaune. » Cependant la gravité de ses étourdissements ne lui*

*échappait pas. Dans une céleste balance lui apparaissait,
chargeant l'un des plateaux, sa propre vie, tandis que l'autre
contenait le petit pan de mur si bien peint en jaune. Il sentait
qu'il avait imprudemment donné le premier pour le second. « Je
ne voudrais pourtant pas, se disait-il, être pour les journaux
du soir le fait divers de cette exposition. »*

*Il se répétait : « Petit pan de mur jaune avec un auvent,
petit pan de mur jaune ». Cependant il s'abattit sur un canapé
circulaire ; aussi brusquement il cessa de penser que sa vie était
en jeu, et revenant à l'optimisme, se dit : « C'est une simple indigestion que m'ont donnée ces pommes de terre pas assez cuites,
ce n'est rien. » Un nouveau coup l'abattit, il roula du canapé
par terre, où accoururent tous les visiteurs et gardiens. Il était
mort. Mort à jamais ? Qui peut le dire ? Certes, les expérien-
ces spirites, pas plus que les dogmes religieux, n'apportent la
preuve que l'âme subsiste. Ce qu'on peut dire, c'est que tout se
passe dans notre vie comme si nous y entrions avec le faix d'o-
bligations contractées dans une vie antérieure ; il n'y a aucune
raison, dans nos conditions de vie sur cette terre, pour que nous
nous croyions obligés à faire le bien, à être délicats, même à être
polis, ni pour l'artiste cultivé à ce qu'il se croie obligé de recommencer vingt fois un morceau dont l'admiration qu'il excitera
importera peu à son corps mangé par les vers, comme le pan de
mur jaune que peignit avec tant de science et de raffinement un
artiste à jamais inconnu, à peine identifié sous le nom de Vermeer. Toutes ces obligations, qui n'ont pas leur sanction dans
la vie présente, semblent appartenir à un monde différent,
fondé sur la bonté, le scrupule, le sacrifice, un monde entièrement différent de celui-ci, et dont nous sortons pour naître
à cette terre, avant peut-être d'y retourner revivre sous l'empire de ces lois inconnues auxquelles nous avons obéi parce que
nous en portions l'enseignement en nous, sans savoir qui les y
avait tracées — ces lois dont tout travail profond de l'intelligence nous rapproche et qui sont invisibles seulement — et
encore ! — pour les sots. De sorte que l'idée que Bergotte
n'était pas mort à jamais est sans invraisemblance.*

*On l'enterra, mais toute la nuit funèbre, aux vitrines
éclairées, ses livres, disposés trois par trois, veillaient comme*

---

*Dans le passage ci-dessus, à partir de : « Mort à jamais ? »,
seules les quatre lignes du dernier alinéa ne sont pas conformes
au texte de la page manuscrite que nous reproduisons ci-
contre. Proust a d'ailleurs interrompu la phrase qu'il était en
train d'écrire, pour noter de lui substituer une autre phrase,
déjà rédigée ; ce qui donne le curieux résultat suivant :*

Toujours est-il que ce fut à une résurrection que je pensai quand je vis à mettre le passage placé je ne sais où, de ses œuvres faisant la veillée devant sa tombe aux vitres enflammées des libraires... »

des anges aux ailes éployées et semblaient, pour celui qui n'était plus, le symbole de sa résurrection. (P. I, 246 sqq.)

« *Mort à jamais ? Qui peut le dire ?* »... Il y a, au début de *Swann*, une petite phrase toute semblable : « *Mort à jamais ? C'était possible...* », — mais s'appliquant à tel souvenir qui a cessé d'être vivant. Ici et là, cependant, c'est bien de la mort qu'il s'agit. L'un des thèmes du *Temps perdu* est ce « *Nous mourons tous les jours !* » que, sous des formes différentes, on retrouve d'un bout à l'autre de l'œuvre :

On croit que selon son désir on changera autour de soi les choses, on le croit parce que, hors de là, on ne voit aucune solution favorable. On ne pense pas à celle qui se produit le plus souvent et qui est favorable aussi : nous n'arrivons pas à changer les choses selon notre désir, mais peu à peu notre désir change. La situation que nous espérions changer parce qu'elle nous était insupportable nous devient indifférente. Nous n'avons pas pu surmonter l'obstacle, comme nous le voulions absolument, mais la vie nous l'a fait tourner, dépasser, et c'est à peine alors si en nous retournant vers le lointain du passé nous pouvons l'apercevoir, tant il est devenu imperceptible. (A. D., 52.)

Seule, me disais-je, une véritable mort de moi-même serait capable (mais elle est impossible) de me consoler de la sienne. Je ne songeais pas que la mort de soi-même n'est ni impossible, ni extraordinaire ; elle se consomme à notre insu, au besoin contre notre gré, chaque jour... (A. D., 95.)

Ce n'est pas parce que les autres sont morts que notre affection pour eux s'affaiblit, c'est parce que nous mourons nous-mêmes. (A. D., 244.)

Dans la mesure où de telles affirmations sont légitimes, on peut dire que Marcel Proust n'avait pas la foi. Ce qui ne l'empêchait point de se poser, comme quiconque, la question de l'existence possible d'un autre monde, — parfois même, nous venons de le voir, avec une sorte d'angoisse. Celle-ci, d'ailleurs, ne lui était pas habituelle, et il faisait plutôt montre, à cet égard, de l'objectivité sans passion du milieu scientifique où il avait vécu (son père et son frère étaient, on le sait, médecins). Les passages suivants, toutefois, s'achèvent soit sur l'expression d'une confuse espérance, soit sur la même anxieuse question :

Peut-être est-ce le néant qui est le vrai et tout notre rêve est-il inexistant, mais alors nous sentons qu'il faudra que ces phrases musicales, [tel thème de Tristan, la petite phrase de Vinteuil...] ces notions qui existent par rapport à lui, ne soient rien non plus. Nous périrons, mais nous avons pour otages ces captives divines qui suivront notre chance. Et la mort avec elles a quelque chose de moins amer, de moins inglorieux, peut-être de moins probable. (Sw. II, 182.)

Nous entrâmes dans la chambre. Courbée en demi-cercle sur le lit, un autre être que ma grand'mère, une espèce de bête qui se serait affublée de ses cheveux et couchée dans ses draps, haletait, geignait, de ses convulsions secouait les couvertures. Les paupières étaient closes et c'est parce qu'elles fermaient mal plutôt que parce qu'elles s'ouvraient qu'elles laissaient voir un coin de prunelle, voilé, chassieux, reflétant l'obscurité d'une vision organique et d'une souffrance interne. Toute cette agitation ne s'adressait pas à nous qu'elle ne voyait pas, ni ne connaissait. Mais si ce n'était plus qu'une bête qui remuait là, ma grand'mère où était-elle ? (C. G. II, 212.)

Il lui arrive aussi d'imaginer sa réunion avec Albertine morte, « *dans un autre monde* ». Et le voici alors « *effrayé de penser que, si les morts vivent quelque part, sa grand'mère connaissait aussi bien son oubli qu'Albertine son souvenir.* » Mais il n'est pas dupe bien longtemps de ces rêveries, car il sait que « *le désir est bien fort, il engendre la croyance* » (A. D., 130-132).

... Mon désir de ne pas être séparé de moi-même par la mort, de ressusciter après la mort, ce désir-là n'était pas comme le désir de ne jamais être séparé d'Albertine, il durait toujours. Cela tenait-il à ce que je me croyais plus précieux qu'elle, à ce que quand je l'aimais je m'aimais davantage ? Non, cela tenait à ce que cessant de la voir j'avais cessé de l'aimer, et que je n'avais pas cessé de m'aimer parce que mes liens quotidiens avec moi-même n'avaient pas été rompus comme l'avaient été ceux avec Albertine. Mais si ceux avec mon corps, avec moi-même, l'étaient aussi... ? Certes il en serait de même. Notre amour de la vie n'est qu'une vieille liaison dont nous ne savons pas nous débarrasser. Sa force est

*dans sa permanence. Mais la mort qui la rompt nous guérira
du désir de l'immortalité.* (A. D., 308.)

A sa vieille amie Mme C..., Marcel Proust écrivait,
et cette fois-ci en son propre nom : « *Dans les heures où
j'adhère à la philosophie récente — et si vieille — qui veut
que les âmes survivent, je me penche vers elle* [sa mère morte]
*pour qu'elle sache tout ce que je vous dis, tout ce qu'elle vous
doit...* » (*Lettres à Madame C...*, 199). Toutes les raisons
qu'il a de ne pas croire, si elles sont les plus fortes en lui, ne
l'emportent pourtant jamais tout à fait. Marcel Proust est
de ces hommes que j'appelle les croyants sans la foi, et que
je connais bien : le désir, en tant que générateur de
croyance, leur fait paraître la croyance trompeuse — sans
pour autant attenter à la signification inconnue du désir
lui-même. S'ils ne peuvent en conscience reconnaître
quelque réalité au surnaturel, la réalité privée de surnaturel
leur semble incomplète. Il y a dans leur être comme un
vide que seule la foi comblerait mais qu'ils ne se sentent
autorisés à remplir par aucune certitude, ni même par la
moindre espérance. Vide qui est pourtant la forme en
creux de cette espérance, le moule de cette certitude
absente, — dont il est difficile de penser qu'ils n'ont
aucun sens. Marcel Proust écrit à Georges de Lauris :

*Je ne suis pas comme vous, je ne trouve pas la vie trop
difficile à remplir et quelle folie, quelle ivresse si la vie immor-
telle m'était assurée ! Comment pouvez-vous vraiment, je ne
dis pas, ne pas croire, car de ce qu'une chose soit souhaitable
cela ne fait pas qu'on y croie — au contraire, hélas ! — mais
en être satisfait (non la satisfaction intellectuelle de préférer
la vérité triste au doux mensonge) ; tous ceux qu'on a quittés,
qu'on quittera, ne serait-il pas doux de les retrouver sous un
autre ciel dans les vallées vainement promises et inutilement
attendues ! Et se réaliser enfin ! (...) Je ne vous ai jamais
demandé si votre mère était pieuse, avait la consolation de
prier. La vie est si affreuse que nous devrions tous finir par là ;
hélas, il ne suffit pas de vouloir...* (A un ami, 75 et 90.)

Les êtres de cette race n'ont pas la foi. Mais ils en
souffrent. Et c'est à leur inquiétude qu'on les reconnaît.
Il leur reste l'honneur, à défaut du bonheur, — et le
labeur. Nous citerons ici cette autre admirable lettre à
Georges de Lauris :

Georges, quand vous le pourrez, travaillez. Ruskin a dit quelque part une chose sublime et qui doit être devant notre esprit chaque jour, quand il a dit que les deux grands commandements de Dieu (le deuxième est presque entièrement de lui, mais cela ne fait rien) étaient : « Travaillez pendant que vous avez encore la lumière », et : « Soyez miséricordieux pendant que vous avez encore la miséricorde ». (...) Après le premier commandement, tiré de saint Jean, vient cette phrase : «... car bientôt vient la nuit où l'on ne peut plus rien faire » (je cite mal). Je suis déjà, Georges, à demi dans cette nuit malgré de passagères apparences qui ne signifient rien. Mais vous, vous avez la lumière, vous l'aurez de longues années, travaillez. Alors, si la vie apporte des déboires, on s'en console car la vraie vie est ailleurs, non pas dans la vie même, ni après, mais au dehors, si un terme qui tire son origine de l'espace a un sens en un monde qui en est affranchi... (Ibid., 147-48.)

A quoi correspond, à la fin du *Temps retrouvé* (II, 236-37), cette prise de conscience du narrateur, qui vient enfin de découvrir le sujet de son œuvre et de décider de l'écrire :

Oui, à cette œuvre, cette idée du temps, que je venais de former, disait qu'il était temps de me mettre. Il était grand temps, cela justifiait l'anxiété qui s'était emparée de moi dès mon entrée dans le salon, quand les visages grimés m'avaient donné la notion du temps perdu ; mais était-il temps encore ? L'esprit a ses paysages dont la contemplation ne lui est laissée qu'un temps. J'avais vécu comme un peintre montant un chemin qui surplombe un lac dont un rideau de rochers et d'arbres lui cache la vue. Par une brèche il l'aperçoit, il l'a tout entier devant lui, il prend ses pinceaux. Mais déjà vient la nuit, où l'on ne peut plus peindre, et sur laquelle le jour ne se relèvera plus !

L'une des toutes dernières photographies de Proust, prises aux Tuileries quelques mois avant sa mort, - le jour de sa visite au musée du Jeu de Paume.

« LES MÉTAMORPHOSES NÉCESSAIRES
ENTRE LA VIE D'UN ÉCRIVAIN
ET SON ŒUVRE »

NOUS-MÊME
PAR MARCEL PROUST

Dès les premières pages de cette première ébauche du *Temps perdu* qu'est *Jean Santeuil*, Marcel Proust pose le problème qu'il passera toute son existence à élucider : « *Dans quelle mesure* » l'écrivain C. (donné par Proust pour être l'auteur de *Jean Santeuil*) « *était-il dans ce qu'il avait écrit ?* » A quoi l'auteur de l'Introduction (supposé ne pas être le même que celui du roman) répond, en son nom et en celui d'un ami, que les énigmes impliquées par cette question les intéressaient plus que tout : « *Nous pensions en consacrant toute notre vie à les résoudre ne pas mal l'employer, puisqu'elle serait toute à connaître des choses que nous aimions par dessus tout, et que nous comprendrions quels sont les rapports secrets, les métamorphoses nécessaires qui existent entre la vie d'un écrivain et son œuvre, entre la réalité et l'art, ou plutôt, comme nous le pensions alors, entre les apparences de la vie et la réalité même qui en faisait un fond durable et que l'art a dégagé.* » (J. S. I, 54.)

De même que Balzac est plus ou moins Louis Lambert, Rastignac ou Rubempré, Proust est plus ou moins Swann, Saint-Loup, Bergotte. Mais les éléments autobiographiques se présentent sous une forme beaucoup plus pure dans le second cas que dans le premier. Marcel Proust est un grand romancier qui possède aussi bien que Balzac l'art de la transposition, mais il est davantage obsédé par ses propres secrets, — qui ont toujours tendance à venir affleurer, sans plus de déguisement, à la surface du roman. Ainsi lui arrive-t-il, et nous avons déjà eu l'occasion de le noter, d'attribuer à l'un de ses héros des pensées ou des actes qui cadrent moins avec leur nature qu'avec la sienne propre, ou de passer abusivement d'un personnage vu de l'extérieur au narrateur qui connaît tout de l'intérieur. Balzac, c'est la comédie (ou la tragédie) humaine ; Proust, c'est la tragédie (ou la comédie) d'un homme. Car il n'y avait pas dans *la Comédie humaine* ce narrateur qui occupe, dans *A la recherche du temps perdu*, le centre même de l'œuvre, — personnage peu romancé quant à l'essentiel et qui, pour la plus grande part, est Proust lui-même. Mais en même temps que nous rencontrons ainsi l'homme Proust derrière les thèmes orchestrés par son roman, c'est nous-même qu'en lui nous redécouvrons, — sorte de rencontre dont Balzac nous donnait rarement l'occasion.

Car il a si bien su décrire la forme de certains phénomènes de la vie intérieure, jusque-là obscurs ou trompeusement éclairés, que nous les reconnaissons d'emblée pour nôtres, — allant jusqu'à nous étonner de ne les avoir pas nous-même depuis longtemps dégagés. Ainsi Marcel Proust, de manière insolite, excite-t-il notre mémoire. Quelques journées de lecture ne nous ont d'abord découvert, comme il est naturel, que Marcel Proust. Et voici que surgit un visage nouveau de nous-même. Notre vie écoulée nous apparaît faite de fragments inconnus qui en modifient l'enseignement et le sens : cet éclairage différent donne des images neuves, comme s'il nous était rétroactivement permis de photographier des scènes que nous avions laissé passer, sur le moment même, sans pouvoir en immobiliser la fugitive présence. Si bien que nous pouvons écrire sans paradoxe qu'un *Proust par lui-même* est en même temps, et aussi véritablement, un *nous-même par Marcel Proust* [1].

---

1. Je trouve sous la plume d'André Gide ceci, qui recoupe les notations précédentes : « Proust est quelqu'un dont le regard est infiniment plus subtil et plus attentif que le nôtre, et qui nous prête ce regard tout le temps que nous le lisons. Et comme les choses qu'il regarde (et si spontanément qu'il n'a jamais l'air d'observer) sont les plus naturelles du monde, il nous semble sans cesse, en le lisant, que c'est en nous qu'il nous permet de voir ; par lui tout le confus de notre être sort du chaos, prend conscience et (...) nous nous imaginons (...) avoir éprouvé nous-même ce détail, nous le reconnaissons, l'adoptons, et c'est notre propre passé que ce foisonnement vient enrichir. Les livres de Proust agissent à la manière de ces révélateurs puissants sur les plaques photographiques à demi voilées que sont nos souvenirs, où tout d'un coup viennent réapparaître tel visage, tel sourire oublié, et telles émotions que l'effacement de ceux-ci entraînerait avec eux dans l'oubli. » (A propos de Marcel Proust, in *Lettres à André Gide*, 103-104.)

Plus un écrivain nous donne l'impression de faire mouche sur une cible qui nous est commune, plus nous le qualifions de *grand*. La nouveauté de sa vision peut nous la rendre insaisissable au départ, — et nous avons vu que Marcel Proust connaissait bien l'existence de cette phase initiale d'incompréhension, dont il ne dut pas s'étonner d'être à son tour l'objet, — mais le moment vient, plus ou moins vite, où la coïncidence entre ce que décrit l'auteur et ce que nous avons éprouvé nous-même se révèle tellement précise qu'elle obtient de nous une adhésion totale. Il n'est que d'ouvrir au hasard n'importe lequel des volumes du *Temps perdu*, pour ressentir cette satisfaisante impression de conformité. Plus la remarque est neuve, plus elle est subtilement exprimée, plus aussi elle nous paraît hors de toute contestation : si parfaitement superposable en chacun de ses éléments à quelque modèle dont une copie eût en nous préexisté, que nous ne pouvons que constater la similitude et nous en réjouir. On multiplierait sans peine les exemples ; en voici quelques-uns.

Parce que Mme Verdurin s'est mise au service de son amour pour Odette de Crécy, Swann, laissant à son insu la reconnaissance et l'intérêt s'infiltrer dans son intelligence et influer sur ses idées, va jusqu'à proclamer qu'elle est une grande âme. Et s'il lui l'arrive de dire à ses amis qu'il a choisi d'aimer les seuls cœurs magnanimes et de ne plus vivre que dans la magnanimité, c'est (... et voici où nous crions « touché ! ») « *avec cette légère émotion qu'on éprouve quand, même sans bien s'en rendre compte, on dit une chose non parce qu'elle est vraie, mais parce qu'on a plaisir à la dire et qu'on l'écoute dans sa propre voix comme si elle venait d'ailleurs que de nous-même...* » (Sw. II, 48).

Ou encore, dans un tout autre registre :

Je quittai Elstir, je me retrouvai seul. Alors tout d'un coup, malgré ma déception, je vis dans mon esprit tous ces hasards que je n'eusse pas soupçonné pouvoir se produire, qu'Elstir fût justement lié avec ces jeunes filles, que celles qui le matin encore étaient pour moi des figures dans un tableau ayant pour fond la mer, m'eussent vu, m'eussent vu lié avec un grand peintre, lequel savait maintenant mon désir de les connaître et le seconderait sans doute. Tout cela avait causé pour moi du plaisir, mais ce plaisir m'était resté caché ; il était de ces visiteurs qui attendent, pour nous faire savoir qu'ils sont là, que les autres nous aient quittés, que nous soyons seuls. Alors nous les apercevons, nous pouvons leur dire : je suis tout à vous, et les écouter. Quelquefois entre le moment où ces plaisirs sont entrés en nous et le moment où nous pouvons y entrer nous-même, il s'est écoulé tant d'heures, nous avons vu tant de gens dans l'intervalle que nous craignons qu'ils ne nous aient pas attendus. Mais ils sont patients, ils ne se lassent pas et dès que tout le monde est parti nous les trouvons en face de nous. (J. F. III, 134.)

Ou bien, — à propos de l'angoisse que nous éprouvons, en rêve, à voir vivre un être bien-aimé dont nous ne cessons pourtant pas de savoir qu'il est mort :

Sans doute, à un certain point de vue, j'avais tort de m'inquiéter ainsi, puisque, à ce qu'on dit, les morts ne peuvent rien sentir, rien faire. On le dit, mais cela n'empêchait pas que ma grand'mère, qui était morte, continuait pourtant à vivre depuis plusieurs années, et en ce moment allait et venait dans la chambre... (A. D., 169.)

Et, puisque nous parlons du rêve :

Si je m'étais toujours tant intéressé aux rêves que l'on a pendant le sommeil, n'est-ce pas parce que, compensant la durée par la puissance, ils nous aident à mieux comprendre ce qu'a de subjectif, par exemple, l'amour ? Et cela par le simple fait que — mais avec une vitesse prodigieuse — ils réalisent ce qu'on appellerait vulgairement nous mettre une femme dans la peau, jusqu'à nous faire passionnément aimer pendant quelques minutes une laide, ce qui dans la vie réelle eût demandé des années d'habitude, de collage et — comme si elles étaient inventées par quelque docteur miraculeux — des piqûres intraveineuses d'amour, aussi bien qu'elles peuvent l'être aussi de souffrance ; avec la même vitesse la suggestion amoureuse qu'ils nous ont inculquée se dissipe, et quelquefois non seulement l'amoureuse nocturne a cessé d'être pour nous comme telle, étant redevenue la laide bien connue, mais quelque chose de plus précieux se dissipe aussi, tout un tableau ravissant de sentiments, de tendresse, de volupté, de regrets vaguement estompés, tout un embarquement pour Cythère de la passion dont nous voudrions noter, pour l'état de veille, les nuances d'une vérité délicieuse, mais qui s'efface comme une toile trop pâlie qu'on ne peut restituer. (T. R. II, 69-70.)

Aussi bien Marcel Proust sait-il que l'écrivain qui porte est celui qui fait mouche :

L'écrivain ne dit que par une habitude prise dans le langage insincère des préfaces et des dédicaces : « mon lecteur ». En réalité, chaque lecteur est, quand il lit, le propre lecteur de soi-même. L'ouvrage de l'écrivain n'est qu'une espèce d'instrument optique qu'il offre au lecteur afin de lui permettre de discerner ce que, sans ce livre, il n'eût peut-être pas vu en soi-même. La reconnaissance en soi-même, par le lecteur, de ce que dit le livre est la preuve de la vérité de celui-ci, et vice versa...
(T. R. II, 68.)

Car ils ne seraient pas, comme je l'ai déjà montré, mes lecteurs, mais les propres lecteurs d'eux-mêmes, mon livre n'étant qu'une sorte de ces verres grossissants comme ceux que tendait à un acheteur l'opticien de Combray, mon livre, grâce auquel je leur fournirais le moyen de lire en eux-mêmes. De sorte que je ne leur demanderais pas de me louer ou de me dénigrer, mais seulement de me dire si c'est bien cela, si les mots qu'ils lisent en eux-mêmes sont bien ceux que j'ai écrits (les divergences possibles à cet égard ne devant pas, du reste, provenir toujours de ce que je me serais trompé, mais quelquefois de ce que les yeux du lecteur ne seraient pas de ceux à qui mon livre conviendrait pour bien lire en soi-même).
(T. R. II, 234.)

Dernière photo
de Proust
aux Tuileries.

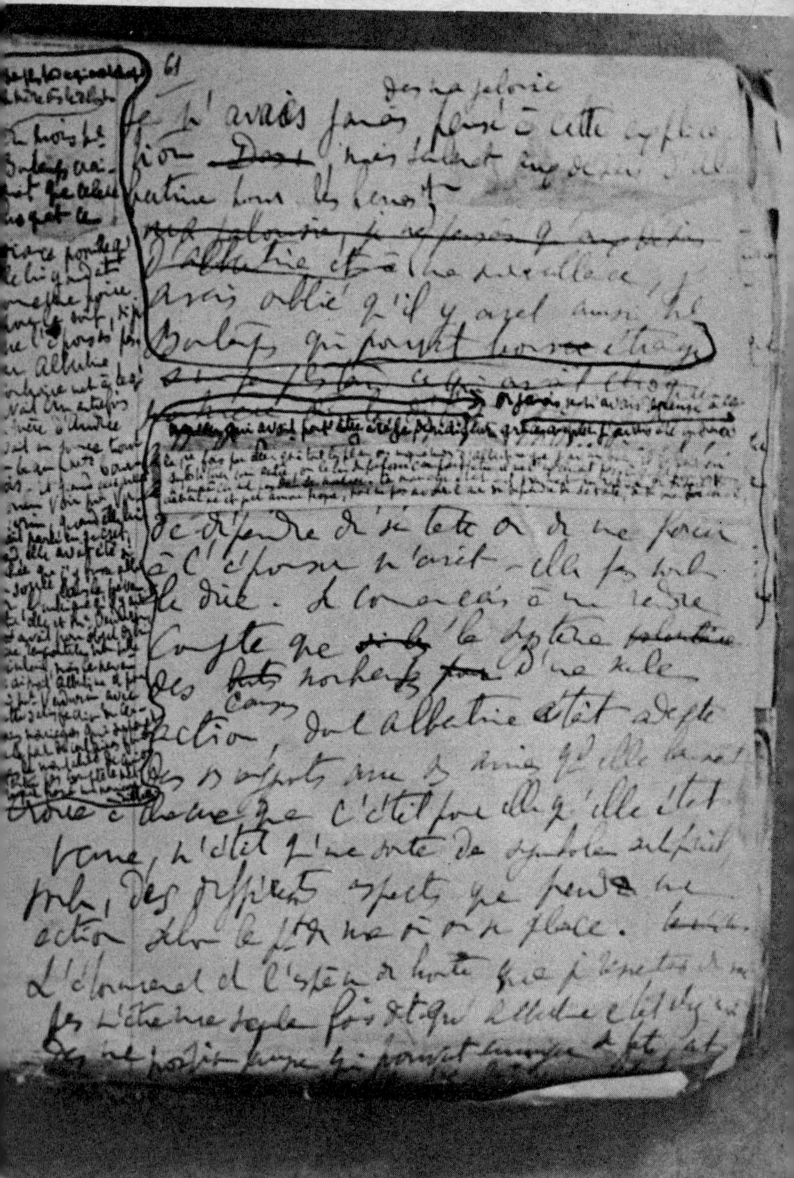

des ma jalousie

Je n'avais jamais pensé à cette explication [illisible] mais [illisible] eux depuis d'al-
térive pour les [illisible]

[illisible] jalousie je [illisible]
d'Albertine et à une nouvelle,
avais oublié qu'il y avait une [illisible]
Balbec qui [illisible] [illisible]

[illisible texte biffé]
[illisible texte biffé]

[illisible] défendre de sa tête et de ne [illisible]
à l'épouse n'avait — elle [illisible]
le dire. Je commençais à me rendre
compte que [illisible] le mystère [illisible]
des faits [illisible] d'une [illisible]
action, dont Albertine était [illisible]
[illisible] avec [illisible] amie qu'elle [illisible]
[illisible] me que c'était [illisible] elle qu'elle était
venue, n'était qu'une sorte de symbole [illisible]
[illisible] des différents aspects que peut me
action selon le [illisible] où on se place. [illisible]
[illisible] de l'espèce de honte que j'[illisible] à me
[illisible] l'étrange [illisible] fois et que Albertine [illisible]
[illisible]

UNE ŒUVRE GOUVERNÉE

Si, lisant Proust, nous éprouvons la constante impression d'une coïncidence, au-delà de toutes les différences, entre son expérience et la nôtre, c'est que, plus encore que l'objet de la recherche, importe ici son moyen. Proust nous a mis dans les mains une clef dont nous nous étonnons soudain qu'elle ait été si peu et si mal employée après lui. Car c'est un fait qu'il n'a pas de disciples, ce maître qui semblait pourtant devoir en compter le plus grand nombre, — et des plus *libres* qui se puissent concevoir. Dans la mesure où il les fournissait d'une *méthode* nouvelle, il leur offrait en effet la possibilité d'en user pour défricher leur propre domaine. Or, non seulement nous n'avons jamais entendu parler de tels disciples, que l'on pourrait dire novateurs, mais encore il n'est même pas sûr que Proust ait eu (comme ce fut le cas pour la plupart des grands écrivains) des imitateurs serviles. Quelle était donc sa méthode, de quelle nature son instrument? L'une et l'autre tendaient, me semble-t-il, à *épuiser le spectacle* extérieur ou intérieur que l'auteur se proposait de décrire. C'est-à-dire à pousser toujours plus loin le travail d'élucidation, sans négliger aucun détail, ni, au cœur du détail même le détail et encore, si possible, le détail de ce détail.

L'un des premiers exemples du procédé nous est fourni par l'analyse de ce qu'éprouvait le narrateur, enfant, à la lecture des livres qui lui étaient chers. Il se réfugiait au fond du jardin, sous une petite guérite. Mais « *sa pensée était comme une autre crèche au fond de laquelle il sentait qu'il restait enfoncé, même pour regarder ce qui se passait au dehors* ». Suit l'exposé minutieux de ce qu'il éprouvait et percevait, depuis les aspirations les plus profondément enfouies en lui jusqu'à la vision de l'horizon qu'il avait en même temps sous les yeux, — exposé qui ne prend

pas moins de six pages serrées. Ces analyses, aussi éten-
dues qu'elles soient, n'interrompent pas le récit, elles sont
le récit même, sa matière, sa raison d'être. Nous trouvons
déjà dans *Jean Santeuil* et surtout dans *Journées de lecture*, texte ancien recueilli dans *Pastiches et Mélanges*,
l'exploitation du même thème. En ce dernier texte, toute
la *Recherche du temps perdu* était déjà virtuellement im-
pliquée. Méséglise s'y appelait Méréglise, et la vieille
Françoise Félicie. Mais à propos de ses souvenirs de
lecture, c'est toute son enfance qui apparaissait au narrateur
avec ces personnages qui, comme sa grand'tante devaient
nous devenir familiers.

Déploiement continu d'images-souvenirs naissant l'une de
l'autre, — comme les fleurs de papier japonaises dont
Proust lui-même, à la fin du chapitre premier de *Swann*,
rapproche l'épanouissement et les surprises des surprises
et de l'épanouissement de sa propre recherche. Style
que l'on pourrait dire tubulaire, fait de précisions indéfiniment emboîtées les unes dans les autres et qui viennent
sans cesse couper le développement en cours par d'autres
développements qui seront à leur tour interrompus, si
bien qu'il semble d'abord que l'ouvrage n'est pas composé
et que l'auteur, écrivant au courant de la plume selon les
inspirations qui lui viennent, oublie à tout moment son
propos pour en suivre quelque autre, qu'il ne mènera pas
davantage à son terme. Mais c'est là seulement une erreur
de perspective. En fait, il est peu d'œuvres plus gouvernées
que celle-là. Le roman achevé révèle un édifice où
triomphent l'équilibre des masses et l'harmonie des
lignes. Marcel Proust avait d'abord songé à construire
son livre comme une cathédrale. Au comte Jean de
Gaigneron, il a un jour avoué [1] :

*Et, quand vous me parlez des cathédrales, je ne peux pas ne
pas être ému d'une intuition qui vous permet de deviner ce que
je n'ai jamais dit à personne et que j'écris ici pour la première
fois : c'est que j'avais voulu donner à chaque partie de mon
livre le titre :* Porche, Vitraux de l'abside, *etc., pour répondre
d'avance à la critique stupide qu'on me fait de manquer de
construction dans des livres où je vous montrerai que le seul
mérite est dans la solidité des moindres parties. J'ai renoncé*

---

1. Lettre citée par André Maurois, dans *A la recherche de Marcel
Proust*, p. 175.

tout de suite à ces titres d'architecture parce que je les trouvais trop prétentieux, mais je suis touché que vous le retrouviez par une sorte de divination de l'intelligence...

De même écrivait-il à François Mauriac :

Votre ami, le Maître que j'admire entre tous, M. Francis Jammes, m'avait, au milieu de louanges infinies et imméritées, demandé de supprimer du premier volume de l'ouvrage dont je suis si heureux que vous aimiez le titre, un épisode qu'il jugeait choquant. J'aurais voulu pouvoir le satisfaire. Mais j'ai si soigneusement bâti cet ouvrage que cet épisode du premier volume est l'explication de la jalousie de mon jeune héros dans les quatrième et cinquième volumes, de sorte qu'en arrachant la colonne au chapiteau obscène, j'aurais fait plus loin tomber la voûte. C'est ce que des critiques appellent des ouvrages sans composition et écrits au hasard des souvenirs. Pardon de vous parler de moi ainsi, j'ai pensé qu'une confidence sur une méthode de travail était une forme de remerciement et une expression de sympathie. (Du côté de chez Proust, 21-22.)

Et à Paul Souday :

Je crains que l'architecture de A la recherche du temps perdu *ne soit pas plus sensible dans ce livre* [A l'ombre des jeunes filles en fleurs] *que dans* Swann. *Je vois des lecteurs s'imaginer que j'écris, en me fiant à d'arbitraires et fortuites associations d'idées, l'histoire de ma vie. Ma composition est voilée et d'autant moins rapidement perceptible qu'elle se développe sur une plus large échelle (...) ; mais pour voir combien elle est rigoureuse, je n'ai qu'à me rappeler une critique de vous, mal fondée selon moi, où vous blâmiez certaines scènes troubles et inutiles de* Swann. *S'il s'agissait, dans votre esprit, d'une scène entre deux jeunes filles (M. Francis Jammes m'avait ardemment prié de l'ôter de mon livre), elle était, en effet, « inutile » dans le premier volume. Mais son ressouvenir est le soutien des tomes IV et V (par la jalousie qu'elle inspire, etc.). En la supprimant, je n'aurais pas changé grand'chose au premier volume ; j'aurais, en revanche, par la solidarité des parties, fait tomber deux volumes entiers, dont elle est la pierre angulaire, sur la tête du lecteur. (...)* A la recherche du temps perdu *est si méticuleusement « composé » (...) que le dernier chapitre du dernier volume a été écrit tout de suite après le premier chapitre du premier volume...* (COR. III, 69-70 et 72.)

A quoi correspond, dans l'œuvre même, ce beau passage du *Temps retrouvé* où le narrateur entrevoit à la fois le sujet de son œuvre et l'ascèse qui lui sera nécessaire pour la mener à sa fin :

> *Que celui qui pourrait écrire un tel livre serait heureux, pensais-je ; quel labeur devant lui ! Pour en donner une idée, c'est aux arts les plus élevés et les plus différents qu'il faudrait emprunter des comparaisons ; car cet écrivain, qui, d'ailleurs, pour chaque caractère aurait à en faire apparaître les faces les plus opposées, pour faire sentir son volume comme celui d'un solide devrait préparer son livre minutieusement, avec de perpétuels regroupements de forces, comme pour une offensive, le supporter comme une fatigue, l'accepter comme une règle, le construire comme une église, le suivre comme un régime, le vaincre comme un obstacle, le conquérir comme une amitié, le suralimenter comme un enfant, le créer comme un monde, sans laisser de côté ces mystères qui n'ont probablement leur explication que dans d'autres mondes et dont le pressentiment est ce qui nous émeut le plus dans.la vie et dans l'art. Et dans ces grands livres-là, il y a des parties qui n'ont eu le temps que d'être esquissées, et qui ne seront sans doute jamais finies, à cause de l'ampleur même du plan de l'architecte. Combien de grandes cathédrales restent inachevées. Longtemps, un tel livre, on le nourrit, on fortifie ses parties faibles, on le préserve, mais ensuite c'est lui qui grandit, qui désigne notre tombe, la protège contre les rumeurs et quelque peu contre l'oubli. Mais, pour en revenir à moi-même, je pensais plus modestement à mon livre... [Je le bâtirais] je n'ose pas dire ambitieusement comme une cathédrale, mais tout simplement comme une robe...* (T. R. II, 233-34.)

Cette modeste allusion finale est exacte aussi, dans la mesure où elle rend compte du travail matériel nécessaire à la confection d'un manuscrit composé de feuillets collés les uns au bout des autres en longues rallonges. Mais le mot cathédrale rend mieux compte des proportions gigantesques de ce livre, comme du fini et du fourmillement de ses détails, — livre « *si composé et concentrique* » (COR. I, 167), et à propos duquel son architecte notera encore :

> *L'idée de ma construction ne me quittait pas un instant. Je ne savais pas si ce serait une église où les fidèles sauraient peu à peu apprendre des vérités et découvrir des harmonies, le grand plan d'ensemble, ou si cela resterait comme un*

monument druidique au sommet d'une île, quelque chose d'infréquenté à jamais. Mais j'étais décidé à y consacrer mes forces qui s'en allaient comme à regret, et comme pour pouvoir me laisser le temps d'avoir, tout le pourtour terminé, fermé « la porte funéraire ». Bientôt je pus montrer quelques esquisses. Personne n'y comprit rien. Même ceux qui furent favorables à ma perception des vérités que je voulais ensuite graver dans le temple me félicitèrent de les avoir découvertes au « microscope » quand je m'étais, au contraire, servi d'un télescope pour apercevoir des choses, très petites, en effet, mais parce qu'elles étaient situées à une grande distance, et qui étaient chacune un monde. Là où je cherchais les grandes lois, on m'appelait fouilleur de détails. (T. R. II, 244-45.)

Tant de mesure et d'ordre dans l'ampleur font aussi penser à une symphonie. Après *Du côté de chez Swann*, Marcel Proust écrivait à Lucien Daudet :

L'ouvrage est impossible à prévoir par ce seul premier volume qui ne prend son sens que par les autres. [C'est] *comme les morceaux dont on ne sait pas qu'ils sont des leit-motive quand on les a entendus isolément au concert dans une Ouverture,* (...) *(ainsi la Dame en rose était Odette, etc.).* (Autour de soixante lettres de Marcel Proust, 71-72 et 76.)

Et il est bien vrai que tel accord rapide des toutes premières pages de *Swann*, que l'on ne remarque pas à la première lecture, annonce l'orchestration de *Guermantes* et le final d'*Albertine disparue* :

Ma grand'mère était revenue de sa visite enthousiasmée par la maison qui donnait sur des jardins et où Mme de Villeparisis lui conseillait de louer, et aussi par un giletier et sa fille, qui avaient leur boutique dans la cour et chez qui elle était entrée demander qu'on fît un point à sa jupe qu'elle avait déchirée dans l'escalier. Ma grand'mère avait trouvé ces gens parfaits, elle déclarait que la petite était une perle et que le giletier était l'homme le plus distingué, le mieux qu'elle eût jamais vu...

Cette première apparition, encore toute allusive, de l'hôtel des Guermantes, de Jupien et de sa fille (en réalité sa nièce), a échappé à l'auteur du *Répertoire des personnages de « A la recherche du temps perdu »* ; et nous ne saurions nous en étonner : pour rendre compte de la richesse de cette œuvre en respectant son intégrité, il n'y aurait d'autre solution que de la recopier.

LA PETITE MADELEINE
OU LES DEUX MÉMOIRES

C'est aux angoisses de ses couchers d'enfant que Proust se réfère pour éclairer sa découverte essentielle de romancier du temps passé : cette différence entre deux « mémoires » qui n'ont de commun que le nom. Lorsque le narrateur, grandi, vieilli, évoquait le Combray de son enfance, il n'en voyait qu'un seul fragment, toujours le même. C'était, nous dit-il dans *Swann*, une « *sorte de plan lumineux, découpé au milieu d'indistinctes ténèbres, pareil à ceux que l'embrasement d'un feu de bengale ou quelque projection électrique éclairent et sectionnent dans un édifice dont les autres parties restent plongées dans la nuit ... » :*

... Comme si Combray n'avait consisté qu'en deux étages reliés par un mince escalier et comme s'il n'y avait jamais été que sept heures du soir. A vrai dire, j'aurais pu répondre à qui m'eût interrogé que Combray comprenait encore autre chose et existait 'à d'autres heures. Mais comme ce que je m'en serais rappelé m'eût été fourni seulement par la mémoire volontaire, la mémoire de l'intelligence, et comme les renseignements qu'elle donne sur le passé ne conservent rien de lui, je n'aurais jamais eu envie de songer à ce reste de Combray. Tout cela était en réalité mort pour moi.

Mort à jamais ? C'était possible.

... C'est peine perdue que nous cherchions à (...) évoquer [notre passé], tous les efforts de notre intelligence sont inutiles. Il est caché hors de son domaine et de sa portée, en quelque objet matériel (en la sensation que nous donnerait cet objet matériel) que nous ne soupçonnons pas. Cet objet, il dépend du hasard que nous le rencontrions avant de mourir, ou que nous ne le rencontrions pas.

Il y avait déjà bien des années que, de Combray, tout ce qui n'était pas le théâtre et le drame de mon coucher n'existait plus pour moi, quand un jour d'hiver, comme je rentrais à la maison, ma mère, voyant que j'avais froid, me proposa de me faire prendre, contre mon habitude, un peu de thé. Je refusai d'abord et, je ne sais pourquoi, je me ravisai. Elle envoya chercher un de ces gâteaux courts et dodus appelés Petites Madeleines qui semblent avoir été moulés dans la valve rainurée d'une coquille de Saint-Jacques. Et bientôt, machinalement, accablé par la morne journée et la perspective d'un triste lendemain, je portai à mes lèvres une cuillerée du thé où j'avais laissé s'amollir un morceau de madeleine. Mais à l'instant même où la gorgée mêlée des miettes du gâteau toucha mon palais, je tressaillis, attentif à ce qui se passait d'extraordinaire en moi. Un plaisir délicieux m'avait envahi, isolé, sans la notion de sa cause. Il m'avait aussitôt rendu les vicissitudes de la vie indifférentes, ses désastres inoffensifs, sa brièveté illusoire, de la même façon qu'opère l'amour, en me remplissant d'une essence précieuse : ou plutôt cette essence n'était pas en moi, elle était moi. J'avais cessé de me sentir médiocre, contingent, mortel. D'où avait pu me venir cette puissante joie ? Je sentais qu'elle était liée au goût du thé et du gâteau, mais qu'elle le dépassait infiniment, ne devait pas être de même nature. D'où venait-elle ? Que signifiait-elle ? Où l'appréhender ?

... Certes, ce qui palpite ainsi au fond de moi, ce doit être l'image, le souvenir visuel, qui, lié à cette saveur, tente de la suivre jusqu'à moi. Mais il se débat trop loin, trop confusément ; à peine si je perçois le reflet neutre où se confond l'insaisissable tourbillon des couleurs remuées ; mais je ne puis distinguer la forme, lui demander, comme au seul interprète possible, de me traduire le témoignage de sa contemporaine, de son inséparable compagne, la saveur, lui demander de m'apprendre de quelle circonstance particulière, de quelle époque du passé il s'agit.

Arrivera-t-il jusqu'à la surface de ma claire conscience, ce souvenir, l'instant ancien que l'attraction d'un instant identique est venue de si loin solliciter, émouvoir, soulever tout au fond de moi ? Je ne sais. Maintenant je ne sens plus rien, il est arrêté, redescendu peut-être ; qui sait s'il remontera jamais de sa nuit ? Dix fois il me faut recommencer, me pencher vers lui. Et chaque fois la lâcheté qui nous détourne de toute tâche difficile, de toute œuvre importante,

*La Place du Marché
à Illiers-Combray.*

m'a conseillé de laisser cela, de boire mon thé en pensant simplement à mes ennuis d'aujourd'hui, à mes désirs de demain qui se laissent remâcher sans peine.

Et tout d'un coup le souvenir m'est apparu. Ce goût, c'était celui du petit morceau de madeleine que le dimanche matin à Combray (parce que ce jour-là je ne sortais pas avant l'heure de la messe), quand j'allais lui dire bonjour dans sa chambre, ma tante Léonie m'offrait après l'avoir trempé dans son infusion de thé ou de tilleul. La vue de la petite madeleine ne m'avait rien rappelé avant que je n'y eusse goûté ; peut-être parce que, en ayant souvent aperçu depuis, sans en manger, sur les tablettes des pâtissiers, leur image avait quitté ces jours de Combray pour se lier à d'autres plus récents ; peut-être parce que, de ces souvenirs abandonnés si longtemps hors de la mémoire, rien ne survivait, tout s'était désagrégé ; les formes — et celle aussi du petit coquillage de pâtisserie, si grassement sensuel sous son plissage sévère et dévot — s'étaient abolies, ou, ensommeillées, avaient perdu la force d'expansion qui leur eût permis de rejoindre la conscience. Mais, quand d'un passé ancien rien ne subsiste, après la mort des êtres, après la destruction des choses, seules, plus frêles mais plus vivaces, plus immatérielles, plus persistantes, plus fidèles, l'odeur et la saveur restent encore longtemps, comme des âmes, à se rappeler, à attendre, à espérer, sur la ruine de tout le reste, à porter sans fléchir, sur leur gouttelette presque impalpable, l'édifice immense du souvenir.

MARCEL PROUST

*Et dès que j'eus reconnu le goût du morceau de madeleine
trempé dans le tilleul que me donnait ma tante (quoique je ne
susse pas encore et dusse remettre à bien plus tard de découvrir pourquoi ce souvenir me rendait si heureux), aussitôt
la vieille maison grise sur la rue, où était sa chambre, vint
comme un décor de théâtre s'appliquer au petit pavillon donnant sur le jardin, qu'on avait construit pour mes parents sur
ses derrières (ce pan tronqué que seul j'avais revu jusque-là) ;
et avec la maison, la ville, la Place où on m'envoyait avant
déjeuner, les rues où j'allais faire des courses depuis le matin
jusqu'au soir et par tous les temps, les chemins qu'on prenait
si le temps était beau. Et comme dans ce jeu où les Japonais
s'amusent à tremper dans un bol de porcelaine rempli d'eau
de petits morceaux de papier jusque-là indistincts qui, à peine
y sont-ils plongés s'étirent, se contournent, se colorent, se
différencient, deviennent des fleurs, des maisons, des personnages consistants et reconnaissables, de même maintenant
toutes les fleurs de notre jardin et celles du parc de M.
Swann, et les nymphéas de la Vivonne, et les bonnes gens du
village et leurs petits logis et l'église et tout Combray et ses
environs, tout cela qui prend forme et solidité, est sorti,
ville et jardins, de ma tasse de thé.* (Sw. I, 65-71.)

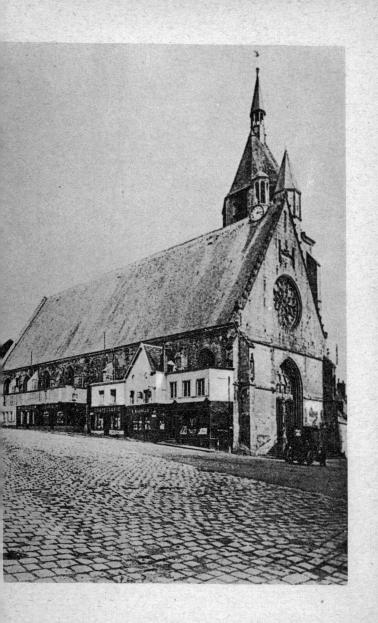

BAUT, Entrepreneur de Peinture — Illiers (Eure-et-L

Le pont Saint-Hilaire à Illiers-Combray

LES CLOCHERS DE MARTINVILLE

Plus importants que ceux de Saint-André-des-Champs, de Saint-Martin-le-Vêtu, et que celui de Saint-Hilaire de Combray lui-même, les clochers de Martinville dominent toute l'œuvre de Proust. Voici, dans *Swann*, leur première apparition :

Combien depuis ce jour, dans mes promenades du côté de Guermantes, il me parut plus affligeant encore qu'auparavant de n'avoir pas de dispositions pour les lettres, et de devoir renoncer à être jamais un écrivain célèbre. Les regrets que j'en éprouvais, tandis que je restais seul à rêver un peu à l'écart, me faisaient tant souffrir, que pour ne plus les ressentir, de lui-même par une sorte d'inhibition devant la douleur, mon esprit s'arrêtait entièrement de penser aux vers, aux romans, à un avenir poétique sur lequel mon manque de talent m'interdisait de compter. Alors, bien en dehors de toutes ces préoccupations littéraires et ne s'y rattachant en rien, tout d'un coup un toit, un reflet de soleil sur une pierre, l'odeur d'un chemin me faisaient arrêter par un plaisir particulier qu'ils me donnaient, et aussi parce qu'ils avaient l'air de cacher, au delà de ce que je voyais, quelque chose qu'ils m'invitaient à venir prendre et que malgré mes efforts je n'arrivais pas à découvrir. Comme je sentais que cela se trouvait en eux, je restais là, immobile, à regarder, à respirer, à tâcher d'aller avec ma pensée au delà de l'image ou de l'odeur. Et s'il me fallait rattraper mon grand-père, poursuivre ma route, je cherchais à les retrouver en fermant les yeux ; je m'attachais à me rappeler exactement la ligne du toit, la nuance de la pierre qui, sans que je pusse comprendre pourquoi, m'avaient semblé pleines, prêtes à s'entr'ouvrir, à me livrer ce dont elles n'étaient qu'un couvercle. Certes ce n'était pas des impressions de ce genre qui pouvaient me rendre l'espérance

que j'avais perdue de pouvoir être un jour écrivain et poète,
car elles étaient toujours liées à un objet particulier dépourvu
de valeur intellectuelle et ne se rapportant à aucune vérité
abstraite. Mais du moins elles me donnaient un plaisir irrai-
sonné, l'illusion d'une sorte de fécondité et par là me dis-
trayaient de l'ennui, du sentiment de mon impuissance que
j'avais éprouvés chaque fois que j'avais cherché un sujet
philosophique pour une grande œuvre littéraire. Mais le
devoir de conscience était si ardu — que m'imposaient ces
impressions de forme, de parfum ou de couleur — de tâcher
d'apercevoir ce qui se cachait derrière elles, que je ne tardais
pas à me chercher à moi-même des excuses qui me permissent
de me dérober à ces efforts et de m'épargner cette fatigue. Par
bonheur mes parents m'appelaient, je sentais que je n'avais pas
présentement la tranquillité nécessaire pour poursuivre utile-
ment ma recherche, et qu'il valait mieux n'y plus penser
jusqu'à ce que je fusse rentré, et ne pas me fatiguer d'avance
sans résultat. Alors je ne m'occupais plus de cette chose inconnue qui s'enveloppait d'une forme ou d'un parfum, bien tran-
quille puisque je la ramenais à la maison, protégée par le
revêtement d'images sous lesquelles je la trouverais vivante,
comme des poissons que, les jours où on m'avait laissé aller à
la pêche, je rapportais dans mon panier, couverts par une
couche d'herbe qui préservait leur fraîcheur. Une fois à la
maison je songeais à autre chose et ainsi s'entassaient dans
mon esprit (comme dans ma chambre les fleurs que j'avais
cueillies dans mes promenades ou les objets qu'on m'avait
donnés) une pierre où jouait un reflet, un toit, un son de cloche,
une odeur de feuilles, bien des images différentes sous lesquelles
il y a longtemps qu'est morte la réalité pressentie que je n'ai
pas eu assez de volonté pour arriver à découvrir. Une fois
pourtant — où notre promenade s'étant prolongée fort au
delà de sa durée habituelle, nous avions été bien heureux de
rencontrer à mi-chemin du retour, comme l'après-midi finissait,
le docteur Percepied qui passait en voiture à bride abattue,
nous avait reconnus et fait monter avec lui — j'eus une impression de ce genre et ne l'abandonnai pas sans un peu l'approfondir. (...) Au tournant d'un chemin j'éprouvai tout à coup
ce plaisir spécial qui ne ressemblait à aucun autre, à apercevoir
les deux clochers de Martinville, sur lesquels donnait le
soleil couchant et que le mouvement de notre voiture et les
lacets du chemin avaient l'air de faire changer de place, puis
celui de Vieuxvicq qui, séparé d'eux par une colline et une

vallée, et situé sur un plateau plus élevé dans le lointain, sem-
blait pourtant tout voisin d'eux.

En constatant, en notant la forme de leur flèche, le dépla-
cement de leurs lignes, l'ensoleillement de leur surface, je
sentais que je n'allais pas au bout de mon impression, que
quelque chose était derrière ce mouvement, derrière cette
clarté, quelque chose qu'ils semblaient contenir et dérober à la
fois.

Les clochers paraissaient si éloignés et nous avions l'air de
si peu nous rapprocher d'eux, que je fus étonné quand, quelques
instants après, nous nous arrêtâmes devant l'église de
Martinville. Je ne savais pas la raison du plaisir que j'avais eu
à les apercevoir à l'horizon et l'obligation de chercher à décou-
vrir cette raison me semblait bien pénible ; j'avais envie de
garder en réserve dans ma tête ces lignes remuantes au soleil
et de n'y plus penser maintenant. Et il est probable que si je
l'avais fait, les deux clochers seraient allés à jamais rejoindre
tant d'arbres, de toits, de parfums, de sons, que j'avais dis-
tingués des autres à cause de ce plaisir obscur qu'ils m'avaient
procuré et que je n'ai jamais approfondi. (...) Bientôt, leurs
lignes et leurs surfaces ensoleillées, comme si elles avaient été
une sorte d'écorce, se déchirèrent, un peu de ce qui m'était
caché en elles m'apparut, j'eus une pensée qui n'existait pas
pour moi l'instant avant, qui se formula en mots dans ma
tête, et le plaisir que m'avait fait tout à l'heure éprouver
leur vue s'en trouva tellement accru que, pris d'une sorte
d'ivresse, je ne pus pas penser à autre chose.

... Sans me dire que ce qui était caché derrière les clochers
de Martinville devait être quelque chose d'analogue à une jolie
phrase, puisque c'était sous la forme de mots qui me faisaient
plaisir que cela m'était apparu, demandant un crayon et du
papier au docteur, je composai malgré les cahots de la voiture,
pour soulager ma conscience et obéir à mon enthousiasme, le
petit morceau suivant que j'ai retrouvé depuis et auquel je n'ai
eu à faire subir que peu de changements... (Sw., I, 246 sqq.)

S'il ne s'agit plus ici, comme dans le cas de la petite
madeleine, d'une réminiscence, mais d'une impression
limitée au seul présent, le besoin est le même : celui d'une
élucidation qui soit à la fois mise en forme, — et ressenti
avec le même douloureux caractère d'urgence. Dans
les deux cas, il s'agit de passer de la sensation, dépen-
dante d'un objet concret et particulier, à une vérité abs-

A Étreuilles près Combray, la haie d'aubépines.

traite et générale. Précédemment déjà, le jeune Marcel Proust avait éprouvé le même sentiment d'impuissance, mêlé d'exaltation, à la vue d'aubépines en fleurs :

Mais j'avais beau rester devant les aubépines à respirer, à porter devant ma pensée qui ne savait ce qu'elle devait en faire, à perdre, à retrouver leur invisible et fixe odeur, à m'unir au rythme qui jetait leurs fleurs, ici et là, avec une allégresse juvénile et à des intervalles inattendus comme certains intervalles musicaux, elles m'offraient indéfiniment le même charme avec une profusion inépuisable, mais sans me le laisser approfondir davantage, comme ces mélodies qu'on rejoue cent fois de suite sans descendre plus avant dans leur secret. Je me détournais d'elles un moment, pour les aborder ensuite avec des forces plus fraîches.

(...) Puis je revenais devant les aubépines comme devant ces chefs-d'œuvre dont on croit qu'on saura mieux les voir quand on a cessé un moment de les regarder, mais j'avais beau me faire un écran de mes mains pour n'avoir qu'elles sous les yeux, le sentiment qu'elles éveillaient en moi restait obscur et vague, cherchant en vain à se dégager, à venir adhérer à leurs fleurs. Elles ne m'aidaient pas à l'éclaircir, et je ne pouvais demander à d'autres fleurs de le satisfaire. (Sw. I, 193-94.)

A peine plus âgé que le futur narrateur de *Swann*, Proust note dans *Jean Santeuil* : « *Il n'est guère que la nature qui nous dicte par moments des révélations dont nous sentons qu'il est essentiel de les écrire sans que nous nous soucions si les écrire mettra en valeur notre esprit et notre brillant, et avec, au contraire, une vive répulsion à rien concéder à l'un ou à l'autre.* » (I, 289). A quoi correspond dans *Swann* : « *Quand c'était moi qui (...) composais (ces phrases), préoccupé qu'elles reflétassent exactement ce que j'apercevais de ma pensée, craignant de ne pas « faire ressemblant », j'avais bien les temps de me demander si ce que j'écrivais était agréable !* » (Sw. I, 137). Notion essentiellement proustienne de désintéressement (hors l'intérêt unique : celui de réaliser une œuvre d'art) et qui fit de lui, à la limite, l'ascète cloîtré que nous savons, prisonnier de sa vocation bien plus que de sa maladie, et obligean à force de volonté sa maladie elle-même, pourtant dévorante, à s'effacer pour le laisser, malgré tout, travailler. Et non seulement Proust finit par sacrifier à son œuvre tout ce qui lui restait de forces,

mais les plaisirs n'intervenaient plus dans sa vie que dans
la mesure où il avait besoin de quelque expérience de surcroît pour nourrir telle ou telle partie de son livre — encore
imparfaite. Rien d'étonnant, dès lors, à ce que les êtres
se situent pour lui, de plus en plus, en fonction de leur
utilité pour son œuvre. La mort d'Albertine, si elle le fait
souffrir d'une façon qui nous vaut deux cents pages
d'analyses, lui arrache ce cri qui est moins d'un homme
que d'un littérateur, — mais l'homme et le littérateur, en
lui, ne se distinguent plus :

> *Et j'avais alors, avec une grande pitié d'elle, la honte de
> lui survivre. Il me semblait, en effet, dans les heures où je
> souffrais le moins, que je bénéficiais en quelque sorte de sa
> mort, car une femme est d'une plus grande utilité pour notre
> vie si elle y est, au lieu d'un élément de bonheur, un instrument
> de chagrin, et il n'y en a pas une seule dont la possession soit
> aussi précieuse que celle des vérités qu'elle nous découvre en
> nous faisant souffrir.* (A. D., III.)

A Swann lui-même, qui n'est pourtant pas un écrivain,
le narrateur attribue un peu de sa propre attitude : Swann,
nous apprend-il en effet, considérait son mal — la jalousie
— « *avec autant de sagacité que s'il se l'était inoculé pour
en faire l'étude* » (Sw. II, 116).

Aussi bien les êtres n'ont-ils pour Marcel Proust, — et
nous découvrons qu'il n'en va guère différemment pour
nous, — aucune existence autonome. Les questions de
détail sont « *les seules en réalité que nous nous posions à
l'égard de tous les êtres qui ne sont pas nous, ce qui nous permet de cheminer, revêtus d'une pensée imperméable, au milieu
de la souffrance, du mensonge, du vice ou de la mort* » (A. D.,
138). D'autre part, « *les liens entre un être et nous n'existent
que dans notre pensée. La mémoire en s'affaiblissant les relâche,
et malgré l'illusion dont nous voudrions être dupes, et dont
par amour, par amitié, par politesse, par respect humain, par
devoir, nous dupons les autres, nous existons seuls. L'homme
est l'être qui ne peut sortir de soi, qui ne connaît les autres
qu'en soi, et, en disant le contraire, ment* » (A. D., 50-51).
L'amour ne nous fait pas mieux connaître ce que les êtres
sont vraiment, ou plutôt ce qu'est vraiment celui qui nous
est devenu indispensable. Mais il nous donne le désir — et
parfois l'illusion — de cette connaissance. « *Certes nous
ignorons la sensibilité particulière de chaque être, mais d'ha-*

*bitude nous ne savons même pas que nous l'ignorons, car cette
sensibilité des autres nous est indifférente. Pour ce qui concernait Albertine, mon malheur ou mon bonheur eût dépendu de
ce qu'était cette sensibilité ; je savais bien qu'elle m'était
inconnue, et qu'elle me fût inconnue m'était déjà une douleur. »*
(A. D., 277.)

Voici du moins la justification de cet utilitarisme four-
nie par l'écrivain, dans *Le temps retrouvé* :

*Chaque personne qui nous fait souffrir peut être rattachée
par nous à une divinité dont elle n'est qu'un reflet fragmentaire
et le dernier degré, divinité dont la contemplation en tant
qu'idée nous donne aussitôt de la joie au lieu de la peine que
nous avions. Tout l'art de vivre, c'est de ne nous servir des
personnes qui nous font souffrir que comme d'un degré per-
mettant d'accéder à sa forme divine et de peupler ainsi jour-
nellement notre vie de divinités.*

*... Sans doute, quand un insolent nous insulte, nous aurions
mieux aimé qu'il nous louât, et surtout, quand une femme
que nous adorons nous trahit, que ne donnerions-nous pas
pour qu'il en fût autrement. Mais le ressentiment de l'affront,
les douleurs de l'abandon auront alors été les terres, que nous
n'aurions jamais connues, et dont la découverte, si pénible
qu'elle soit à l'homme, devient précieuse pour l'artiste. (...)
On peut reconnaître dans toute œuvre d'art ceux que l'artiste a le plus haïs et, hélas, même celles qu'il a le plus aimées.
Elles-mêmes n'ont fait que poser pour l'écrivain dans le
moment même où, bien contre son gré, elles le faisaient le plus
souffrir. Quand j'aimais Albertine, je m'étais bien rendu
compte qu'elle ne m'aimait pas et j'avais été obligé de me résigner à ce qu'elle me fît seulement connaître ce que c'est qu'é-
prouver de la souffrance, de l'amour, et même, au commencement, du bonheur. Et quand nous cherchons à extraire la généralité de notre chagrin, à en écrire, nous sommes un peu
consolés, peut-être pour une autre raison encore que
toutes celles que je donne ici, et qui est que penser d'une façon
générale, qu'écrire, est pour l'écrivain une fonction saine et
nécessaire dont l'accomplissement rend heureux, comme pour
les hommes physiques l'exercice, la sueur et le bain. (...)
Mais à un autre point de vue, l'œuvre est signe de bonheur,
parce qu'elle nous apprend que dans tout amour le général gît
à côté du particulier, et à passer du second au premier par une
gymnastique qui fortifie contre le chagrin en faisant négliger*

sa cause pour approfondir son essence. En effet, comme je devais l'expérimenter par la suite, même au moment où l'on aime et où on souffre, si la vocation s'est enfin réalisée, dans les heures où on travaille on sent si bien l'être qu'on aime se dissoudre dans une réalité plus vaste qu'on arrive à l'oublier par instants et qu'on ne souffre plus de son amour, en travaillant, que comme de quelque mal purement physique où l'être aimé n'est pour rien, comme d'une sorte de maladie de cœur. (...) Une femme dont nous avons besoin nous fait souffrir, tire de nous des séries de sentiments autrement profonds, autrement vitaux qu'un homme supérieur qui nous intéresse. Il reste à savoir, selon le plan où nous vivons, si nous trouvons que telle trahison par laquelle nous a fait souffrir une femme est peu de chose auprès des vérités que cette trahison nous a découvertes et que la femme, heureuse d'avoir fait souffrir, n'aurait guère pu comprendre. En tout cas, ces trahisons ne manquent pas. Un écrivain peut se mettre sans crainte à un long travail. Que l'intelligence commence son ouvrage, en cours de route surviendront bien assez de chagrins qui se chargeront de le finir. Quant au bonheur, il n'a presque qu'une seule utilité, rendre le malheur possible. Il faut que dans le bonheur nous formions des liens bien doux et bien forts de confiance et d'attachement pour que leur rupture nous cause le déchirement si précieux qui s'appelle le malheur. Si l'on n'avait été heureux, ne fût-ce que par l'espérance, les malheurs seraient sans cruauté et par conséquent sans fruit. (T. R. II, 52-63.)

Et l'on voit en effet Marcel Proust mettre au service de cette continuelle et féconde expérimentation les plus pénibles de ses aventures personnelles. Nous avons déjà noté que, pris d'un malaise dont il est seul à soupçonner la gravité, il en profite, dès qu'il peut de nouveau écrire, pour noter « sur le vif », si l'on ose dire, les approches de la mort. « *En moi*, a-t-il écrit, *lorsque la maladie aura fini de jeter l'un après l'autre par terre* [les divers personnages dont je suis constitué], *il en restera encore deux ou trois qui auront la vie plus dure que les autres, notamment un certain philosophe qui n'est heureux que quand il a découvert, entre deux œuvres, entre deux sensations, une partie commune...* » (P. I, 15.)

L'ÉNIGME DU BONHEUR

Dans *A la recherche du temps perdu*, une sonate, et plus particulièrement « *une petite phrase* » de cette sonate, jouent un grand rôle. Son auteur est un musicien imaginaire, Vinteuil. Mais de même que, dans cette œuvre, Elstir et Bergotte ne représentent pas seulement Monet et France, mais encore tous les peintres et tous les écrivains modernes qui ont enrichi l'intelligence et la sensibilité de Proust (comme celles de son époque), de même Vinteuil est-il à la fois Saint-Saëns, Fauré, Franck, et Wagner... Si les clochers de Martinville n'apparaissent pas dans *Jean Santeuil*, la sonate de Vinteuil y fait au tome III[1] une apparition d'autant plus émouvante qu'il s'agit des premiers accords de ce qui deviendra l'un des plus beaux thèmes du *Temps perdu*. Nous ne pouvons citer, faute de place, les diverses apparitions de « *la petite phrase* », en contrepoint d'événements psychologiques sur lesquels son influence est déterminante[2]. Non plus que les très belles pages au cours desquelles le narrateur, — longtemps après les jours heureux de Combray, plus longtemps encore après ceux où Swann était amoureux d'Odette de Crécy, — retrouve dans le septuor de Vinteuil la sonate qui avait joué un si grand rôle dans la vie de Swann et dans la sienne propre. Du moins retiendrons-nous, de sa minutieuse description de l'architecture du septuor, ce moment où « *le motif joyeux* » l'emporte enfin sur tous les autres :

... Ce n'était plus un appel presque inquiet lancé derrière un ciel vide, c'était une joie ineffable qui semblait venir du

---

1. P. 222 et suivantes.
2. *Sw.* I, 288 sqq. ; *Sw.* II, 32-33, 175-176 ; *J. F.* I, 142 sqq. ; etc...

Paradis, une joie aussi différente de celle de la sonate que, d'un ange doux et grave de Bellini, jouant du théorbe, pourrait être, vêtu d'une robe écarlate, quelque archange de Mantegna sonnant dans un buccin. Je savais bien que cette nuance nouvelle de la joie, cet appel vers une joie supra-terrestre, je ne l'oublierais jamais. Mais serait-elle jamais réalisable pour moi ? Cette question me paraissait d'autant plus importante que cette phrase était ce qui aurait pu le mieux caractériser — comme tranchant avec tout le reste de ma vie, avec le monde visible — ces impressions qu'à des intervalles éloignés je retrouvais dans ma vie comme les points de repère, les amorces, pour la construction d'une vie véritable : l'impression éprouvée devant les clochers de Martinville, devant une rangée d'arbres près de Balbec... (P. II, 78.)

Une fois de plus, la vie véritable — qui est joie — surgit derrière la vie apparente, abusivement dite « réelle ». Une fois de plus, le narrateur éprouve le besoin de *réaliser* ce réel impalpable, immatériel, fugitif. Mais par quels moyens ? Du temps passé, de nouveau. Et la musique de Vinteuil, ou plutôt ce qu'elle lui fait éprouver, s'éclaire enfin pour le narrateur :

... Cette musique me semblait quelque chose de plus vrai que tous les livres connus. Par instants je pensais que cela tenait à ce que ce qui est senti par nous de la vie, ne l'étant pas sous formes d'idées, sa traduction littéraire, c'est-à-dire intellectuelle, en en rendant compte l'explique, l'analyse, mais ne le recompose pas comme la musique, où les sons semblent prendre l'inflexion de l'être, reproduire cette pointe intérieure et extrême des sensations qui est la partie qui nous donne cette ivresse spécifique que nous retrouvons de temps en temps et que, quand nous disons : « Quel beau temps ! quel beau soleil ! » nous ne faisons nullement connaître au prochain, en qui le même soleil et le même temps éveillent des vibrations toutes différentes. Dans la musique de Vinteuil, il y avait ainsi de ces visions qu'il est impossible d'exprimer et presque défendu de constater, puisque quand, au moment de s'endormir, on reçoit la caresse de leur irréel enchantement, à ce moment même où la raison nous a déjà abandonnés, les yeux se scellent et, avant d'avoir eu le temps de connaître non seulement l'ineffable mais l'invisible, on s'endort. Il me semblait même, quand je m'abandonnais à cette hypothèse où l'art serait réel, que c'était même plus que la simple joie ner-

veuse d'un beau temps ou d'une nuit d'opium que la musique peut rendre : une ivresse plus réelle, plus féconde, du moins à ce que je pressentais. Il n'est pas possible qu'une sculpture, une musique qui donne une émotion qu'on sent plus élevée, plus pure, plus vraie, ne corresponde pas à une certaine réalité spirituelle. Elle en symbolise sûrement une, pour donner cette impression de profondeur et de vérité. Ainsi rien ne ressemblait plus qu'une telle phrase de Vinteuil à ce plaisir particulier que j'avais quelquefois éprouvé dans ma vie, par exemple devant les clochers de Martinville, certains arbres d'une route de Balbec ou, plus simplement, au début de cet ouvrage, en buvant une certaine tasse de thé.

... Et repensant à la monotonie des œuvres de Vinteuil, j'expliquais à Albertine que les grands littérateurs n'ont jamais fait qu'une seule œuvre, ou plutôt n'ont jamais que réfracté à travers des milieux divers une même beauté qu'ils apportent au monde. « S'il n'était pas si tard, ma petite, lui disais-je, je vous montrerais cela chez tous les écrivains que vous lisez pendant que je dors, je vous montrerais la même identité que chez Vinteuil. Ces phrases-types, que vous commencez à reconnaître comme moi, ma petite Albertine, les mêmes dans la sonate, dans le septuor, dans les autres œuvres, ce serait, par exemple, si vous voulez, chez Barbey d'Aurevilly, une réalité cachée, révélée par une trace matérielle, la rougeur physiologique de l'Ensorcelée, d'Aimée de Spens, de la Clotte, la main du Rideau Cramoisi (...) »

... Mais comme je pensais à Vinteuil, à son tour c'était l'autre hypothèse, l'hypothèse matérialiste, celle du néant, qui se présentait à moi. Je me mettais à douter, je me disais qu'après tout il se pourrait que, si les phrases de Vinteuil semblaient l'expression de certains états de l'âme, analogues à celui que j'avais éprouvé en goûtant la madeleine trempée dans la tasse de thé, rien ne m'assurait que le vague de tels états fût une marque de leur profondeur, mais seulement de ce que nous n'avons pas encore su les analyser, qu'il n'y aurait donc rien de plus réel en eux que dans d'autres. Pourtant ce bonheur, ce sentiment de certitude dans le bonheur pendant que je buvais la tasse de thé, que je respirais aux Champs-Élysées une odeur de vieux bois, ce n'était pas une illusion. En tout cas, me disait l'esprit du doute, même si ces états sont dans la vie plus profonds que d'autres, et sont inanalysables à cause de cela même, parce qu'ils mettent en jeu trop de forces dont nous ne nous sommes pas encore rendu compte, le charme de cer-

*taines phrases de Vinteuil fait penser à eux parce qu'il est
lui aussi inanalysable, mais cela ne prouve pas qu'il ait la
même profondeur ; la beauté d'une phrase de musique pure
paraît facilement l'image ou, du moins, la parente d'une impression intellectuelle que nous avons eue, mais simplement
parce qu'elle est inintellectuelle. Et pourquoi, alors, croyons-
nous particulièrement profondes ces phrases mystérieuses qui
hantent certains ouvrages et ce septuor de Vinteuil ?* (P. II,
230 sqq.)

Ainsi, parvenus au tome XII du *Temps perdu*, nous en sommes encore au doute, à l'interrogation. Pourtant un grand
progrès doit être enregistré : des sensations brutes de la vie
le narrateur s'est élevé aux impressions élaborées de l'art.
Il a pressenti le passage des unes aux autres. Nous ne sommes plus très loin de l'illumination finale : celle que le
Temps retrouvé, où nous accédons maintenant, nous fera
connaître, — ce qui ne signifie pas, répétons-le, qu'elle
soit jusque-là demeurée inconnue de l'auteur-narrateur :
bien au contraire, puisque les livres où nous suivons la
marche de son esprit vers la découverte n'ont précisément
pu être rédigés qu'à partir de cette découverte. Il faut
attendre le tome XV pour que le narrateur s'avise que la
seule façon pour lui de se rendre maître de certaines révélations (comme celles de la petite madeleine, des clochers
de Martinville, du septuor de Vinteuil) est d'en faire la
matière d'une œuvre d'art. Mais cette œuvre d'art était en
cours d'exécution sous nos yeux depuis le tome premier.
Voici donc enfin son accomplissement.

Alors qu'il se rend à une réception chez la princesse de
Guermantes, le narrateur songe tristement « *à cette lassi-
tude et à cet ennui avec lesquels il avait essayé, la veille, de
noter la ligne qui, dans une des campagnes réputées les plus
belles de France, séparait sur les arbres l'ombre de la lumière* ».
Travail sur le vif dont nous ne nous étonnons pas qu'il se
soit révélé vain pour ce peintre d'atelier — et d'atelier
obscur, calfeutré, fermé aux rumeurs et aux odeurs du
monde — que fut Marcel Proust, recréateur d'un univers
avec lequel la maladie lui interdisait le moindre contact (à de
rares exceptions près), mais qu'il retrouvait en lui-même et
qu'il peignait avec beaucoup plus de vérité qu'il n'aurait

pu faire s'il avait eu, fleurs, hommes et pierres, ses modèles sous les yeux[1]. A la suite de quelle transmutation ? Nous l'avons déjà entrevu, et Proust lui-même achèvera bientôt de nous l'expliquer.

Le narrateur, s'attriste donc sur son infécondité. L'heure est pourtant venue de l'illumination, « *on a frappé à toutes les portes qui ne donnent sur rien, et la seule par où on peut entrer et qu'on aurait cherchée en vain pendant cent ans, on y heurte sans le savoir et elle s'ouvre* » :

En roulant les tristes pensées que je disais il y a un instant j'étais entré dans la cour de l'hôtel de Guermantes, et dans ma distraction je n'avais pas vu une voiture qui s'avançait ; au cri du wattman je n'eus que le temps de me ranger vivement de côté, et je reculai assez pour buter malgré moi contre des pavés assez mal équarris derrière lesquels était une remise. Mais au moment où, me remettant d'aplomb, je posai mon pied sur un pavé qui était un peu moins élevé que le précédent, tout mon découragement s'évanouit devant la même félicité qu'à diverses époques de ma vie m'avaient donnée la vue d'arbres que j'avais cru reconnaître dans une promenade en voiture autour de Balbec, la vue des clochers de Martinville, la saveur d'une madeleine trempée dans une infusion, tant d'autres sensations dont j'ai parlé et que les dernières œuvres de Vinteuil m'avaient paru synthétiser. Comme au moment où je goûtais la madeleine, toute inquiétude sur l'avenir, tout doute intellectuel étaient dissipés. Ceux qui m'assaillaient tout à l'heure au sujet de la réalité de mes dons littéraires, et même de la réalité de la littérature, se trouvaient levés comme par enchantement. Cette fois je me promettais bien de ne pas me résigner à ignorer pourquoi, sans que j'eusse fait aucun raisonnement nouveau, trouvé aucun argument décisif, les difficultés, insolubles tout à l'heure, avaient perdu toute importance, comme je l'avais fait le jour où j'avais goûté d'une madeleine trempée dans une infusion. La félicité que je venais d'éprouver était bien, en effet, la même que celle que j'avais éprouvée en mangeant la madeleine et dont j'avais alors ajourné de rechercher les causes profondes. La différence, purement matérielle, était dans les images évoquées. Un azur profond enivrait mes yeux, des impressions de fraîcheur, d'éblouis-

---

1. Il y a peu d'animaux dans cette œuvre, où ce sont les hommes et les femmes qui constituent le bestiaire.

sante lumière tournoyaient près de moi et, dans mon désir de les saisir, sans oser bouger plus que quand je goûtais la saveur de la madeleine en tâchant de faire parvenir jusqu'à moi ce qu'elle me rappelait, je restais, quitte à faire rire la foule innombrable des wattmen, à tituber comme j'avais fait tout à l'heure, un pied sur le pavé plus élevé, l'autre pied sur le pavé le plus bas. Chaque fois que je refaisais, rien que matériellement, ce même pas, il me restait inutile ; mais si je réussissais, oubliant la matinée Guermantes, à retrouver ce que j'avais senti en posant ainsi mes pieds, de nouveau la vision éblouissante et indistincte me frôlait comme si elle m'avait dit : « Saisis-moi au passage si tu en as la force et tâche à résoudre l'énigme du bonheur que je te propose. » Et presque tout de suite, je le reconnus, c'était Venise, dont mes efforts pour la décrire et les prétendus instantanés pris par ma mémoire ne m'avaient jamais rien dit et que la sensation que j'avais ressentie jadis sur deux dalles inégales du baptistère de Saint-Marc m'avait rendue avec toutes les autres sensations jointes ce jour-là à cette sensation-là, et qui étaient restées dans l'attente, à leur rang, d'où un brusque hasard les avait impérieusement fait sortir, dans la série des jours oubliés. De même le goût de

Marcel Proust à Venise.

*la petite madeleine m'avait rappelé Combray. Mais pourquoi
les images de Combray et de Venise m'avaient-elles, à l'un et
à l'autre moment, donné une joie pareille à une certitude et
suffisante sans autres preuves à me rendre la mort indifférente ?* (T. R. II, 3-4.)

Entré dans la bibliothèque pour y attendre que prenne
fin le morceau de musique joué au salon, le narrateur
continue sa méditation. Mais voici qu'un second puis un
troisième avertissements l'incitent à persévérer dans sa
tâche : le bruit d'une petite cuiller qui heurte une assiette,
le frottement d'une serviette sur ses lèvres, lui procurent
la même félicité, — en lui rendant présent un voyage
récent en chemin de fer (un employé en frappant avec un
marteau sur une roue avait fait un bruit semblable à celui
de la petite cuiller), et Balbec (où une serviette lui avait
donné une impression analogue).

*... Me rappelant trop avec quelle indifférence relative
Swann avait pu parler autrefois des jours où il était aimé,
parce que sous cette phrase il voyait autre chose qu'eux, et de
la douleur subite que lui avait causée la petite phrase de
Vinteuil en lui rendant ces jours eux-mêmes tels qu'il les
avait jadis sentis, je comprenais trop que ce que la sensation
des dalles inégales, la raideur de la serviette, le goût de la
madeleine avaient réveillé en moi, n'avait aucun rapport avec
ce que je cherchais souvent à me rappeler de Venise, de Balbec,
de Combray, à l'aide d'une mémoire uniforme ; et je comprenais que la vie pût être jugée médiocre, bien qu'à certains
moments elle parût si belle, parce que dans le premier cas
c'est sur tout autre chose qu'elle-même, sur des images qui ne
gardent rien d'elle qu'on la juge et qu'on la déprécie.*

*... Je glissais rapidement sur tout cela, plus impérieusement
sollicité que j'étais de chercher la cause de cette félicité, du
caractère de certitude avec lequel elle s'imposait, recherche
ajournée autrefois. Or, cette cause, je la devinais en compa-
rant entre elles ces diverses impressions bienheureuses et qui
avaient entre elles ceci de commun que je les éprouvais à la fois
dans le moment actuel et dans un moment éloigné où le bruit
de la cuiller sur l'assiette, l'inégalité des dalles, le goût de la
madeleine allaient jusqu'à faire empiéter le passé sur le présent, à me faire hésiter à savoir dans lequel des deux je me
trouvais ; au vrai, l'être qui alors goûtait en moi cette impression la goûtait en ce qu'elle avait de commun dans un jour*

ancien et maintenant, dans ce qu'elle avait d'extra-temporel, un être qui n'apparaissait que quand, par une de ces identités entre le présent et le passé, il pouvait se trouver dans le seul milieu où il pût vivre, jouir de l'essence des choses, c'est-à-dire en dehors du temps. Cela expliquait que mes inquiétudes au sujet de ma mort eussent cessé au moment où j'avais reconnu, inconsciemment, le goût de la petite madeleine, puisqu'à ce moment-là l'être que j'avais été était un être extra-temporel, par conséquent insoucieux des vicissitudes de l'avenir. Cet être-là n'était jamais venu à moi, ne s'était jamais manifesté qu'en dehors de l'action, de la jouissance immédiate, chaque fois que le miracle d'une analogie m'avait fait échapper au présent. Seul il avait le pouvoir de me faire retrouver les jours anciens, le Temps Perdu, devant quoi les efforts de ma mémoire et de mon intelligence échouaient toujours.

... Un véritable moment du passé.

Rien qu'un moment du passé ? Beaucoup plus, peut-être ; quelque chose qui, commun à la fois au passé et au présent, est beaucoup plus essentiel qu'eux deux.

Tant de fois, au cours de ma vie, la réalité m'avait déçu parce que, au moment où je la percevais, mon imagination, qui était mon seul organe pour jouir de la beauté, ne pouvait s'appliquer à elle, en vertu de la loi inévitable qui veut qu'on ne puisse imaginer que ce qui est absent. Et voici que soudain l'effet de cette dure loi s'était trouvé neutralisé, suspendu, par un expédient merveilleux de la nature, qui avait fait miroiter une sensation· (...) à la fois dans le passé, ce qui permettait à mon imagination de la goûter, et dans le présent où l'ébranlement effectif de mes sens par le bruit, le contact avait ajouté aux rêves de l'imagination ce dont ils sont habituellement dépourvus, l'idée d'existence et, grâce à ce subterfuge, avait permis à mon être d'obtenir, d'isoler, d'immobiliser — la durée d'un éclair — ce qu'il n'appréhende jamais : un peu de temps à l'état pur. L'être qui était rené en moi quand, avec un tel frémissement de bonheur, j'avais entendu le bruit commun à la fois à la cuiller qui touche l'assiette et au marteau qui frappe sur la roue, à l'inégalité pour les pas des pavés de la cour Guermantes et du baptistère de Saint-Marc, cet être-là ne se nourrit que de l'essence des choses, en elle seulement il trouve sa subsistance, ses délices. Il languit dans l'observation du présent où les sens ne peuvent la lui apporter, dans la considération d'un passé que l'intelligence lui dessèche, dans l'attente d'un avenir que la volonté construit

avec des fragments du présent et du passé auxquels elle retire
encore de leur réalité, ne conservant d'eux que ce qui convient
à la fin utilitaire, étroitement humaine, qu'elle leur assigne.
Mais qu'un bruit déjà entendu, qu'une odeur respirée jadis,
le soient de nouveau, à la fois dans le présent et dans le passé,
réels sans être actuels, idéaux sans être abstraits, aussitôt
l'essence permanente et habituellement cachée des choses se
trouve libérée et notre vrai moi qui, parfois depuis longtemps,
semblait mort, mais ne l'était pas autrement, s'éveille, s'anime
en recevant la céleste nourriture qui lui est apportée. Une
minute affranchie de l'ordre du temps a recréé en nous pour la
sentir l'homme affranchi de l'ordre du temps. Et celui-là on
comprend qu'il soit confiant dans sa joie, même si le simple
goût d'une madeleine ne semble pas contenir logiquement les
raisons de cette joie, on comprend que le mot de « mort » n'ait
pas de sens pour lui ; situé hors du temps, que pourrait-il
craindre de l'avenir ? Mais ce trompe-l'œil qui mettait près
de moi un moment du passé, incompatible avec le présent, ce
trompe-l'œil ne durait pas. Certes, on peut prolonger les
spectacles de la mémoire volontaire, qui n'engage pas plus de
forces de nous-même que feuilleter un livre d'images. Ainsi
jadis, par exemple, le jour où je devais aller pour la première
fois chez la princesse de Guermantes, de la cour ensoleillée
de notre maison de Paris j'avais paresseusement regardé,
à mon choix, tantôt la place de l'église à Combray, ou la
plage de Balbec, (...) et où, avec un plaisir égoïste de collec-
tionneur, je m'étais dit, en cataloguant ainsi les illustrations
de ma mémoire : « J'ai tout de même vu de belles choses dans
ma vie. » Alors ma mémoire affirmait sans doute la différence
des sensations, mais elle ne faisait que combiner entre eux des
éléments homogènes. Il n'en avait plus été de même dans les
trois souvenirs que je venais d'avoir et où, au lieu de me faire
une idée plus flatteuse de mon moi, j'avais, au contraire,
presque douté de la réalité actuelle de ce moi. De même
que le jour où j'avais trempé la madeleine dans l'infusion chaude, au sein de l'endroit où je me trouvais
(que cet endroit fût, comme ce jour-là, ma chambre
de Paris, ou, comme aujourd'hui en ce moment, la bibliothèque du prince de Guermantes, un peu avant la cour de son
hôtel), il y avait eu en moi, irradiant d'une petite zone autour de moi, une sensation (goût de la madeleine trempée,
bruit métallique, sensation de pas inégaux) qui était commune
à cet endroit (où je me trouvais) et aussi à un autre endroit

(chambre de ma tante Léonie, wagon de chemin de fer, baptistère de Saint-Marc). Au moment où je raisonnais ainsi, le bruit strident d'une conduite d'eau, tout à fait pareil à ces longs cris que parfois l'été les navires de plaisance faisaient entendre le soir au large de Balbec, me fit éprouver (comme me l'avait déjà fait une fois à Paris, dans un grand restaurant, la vue d'une luxueuse salle à manger à demi vide, estivale et chaude) bien plus qu'une sensation simplement analogue à celle que j'avais à la fin de l'après-midi, à Balbec... (...) Ce n'était d'ailleurs pas seulement un écho, un double d'une sensation passée que venait de me faire éprouver le bruit de la conduite d'eau, mais cette sensation elle-même. Dans ce cas-là comme dans tous les précédents, la sensation commune avait cherché à recréer autour d'elle le lieu ancien, cependant que le lieu actuel qui en tenait la place s'opposait de toute la résistance de sa masse à cette immigration dans un hôtel de Paris d'une plage normande ou d'un talus d'une voie de chemin de fer. La salle à manger marine de Balbec, avec son linge damassé préparé comme des nappes d'autel pour recevoir le coucher du soleil, avait cherché à ébranler la solidité de l'hôtel de Guermantes, à en forcer les portes et avait fait vaciller un instant les canapés autour de moi, comme elle avait fait un autre jour pour les tables d'un restaurant de Paris. Toujours, dans ces résurrections-là, le lieu lointain engendré autour de la sensation commune s'était accouplé un instant comme un lutteur au lieu actuel. Toujours le lieu actuel avait été vainqueur ; toujours c'était le vaincu qui m'avait paru le plus beau, si bien que j'étais resté en extase sur le pavé inégal comme devant la tasse de thé, cherchant à maintenir aux moments où ils apparaissaient, à faire réapparaître dès qu'ils m'avaient échappé, ce Combray, cette Venise, ce Balbec envahissants et refoulés qui s'élevaient pour m'abandonner ensuite au sein de ces lieux nouveaux, mais perméables pour le passé. Et si le lieu actuel n'avait pas été aussitôt vainqueur, je crois que j'aurais perdu connaissance ; car ces résurrections du passé, dans la seconde qu'elles durent, sont si totales qu'elles n'obligent pas seulement nos yeux à cesser de voir la chambre qui est près d'eux pour regarder la voie bordée d'arbres ou la marée montante. Elles forcent nos narines à respirer l'air de lieux pourtant si lointains, notre volonté à choisir entre les divers projets qu'ils nous proposent, notre personne tout entière à se croire entourée par eux, ou du moins à trébucher entre eux et les lieux présents, dans l'étourdissement d'une incertitude

Photo Gérard MANTE

pareille à celle qu'on éprouve parfois devant une vision ineffable, au moment de s'endormir.

De sorte que ce que l'être par trois et quatre fois ressuscité en moi venait de goûter, c'était peut-être bien des fragments d'existence soustraits au temps, mais cette contemplation, quoique d'éternité, était fugitive. Et pourtant je sentais que le plaisir qu'elle m'avait donné à de rares intervalles dans ma vie était le seul qui fût fécond et véritable. (...) Aussi, cette contemplation de l'essence des choses, j'étais maintenant décidé à m'attacher à elle, à la fixer, mais comment ? par quel moyen ? Sans doute, au moment où la raideur de la serviette m'avait rendu Balbec et pendant un instant avait caressé mon imagination, non pas seulement de la vue de la mer telle qu'elle était ce matin-là, mais de l'odeur de la chambre, de la vitesse du vent, du désir de déjeuner, de l'incertitude entre les diverses promenades, tout cela attaché à la sensation du large, comme les ailes des roues à aubes dans leur course vertigineuse ; sans doute, au moment où l'inégalité des deux pavés avait prolongé les images desséchées et nues que j'avais de Venise et de Saint-Marc dans tous les sens et toutes les dimensions, de toutes les sensations que j'y avais éprouvées, raccordant la place à l'église, l'embarcadère à la place, le canal à l'embarcadère, et à tout ce que les yeux voient du monde de désirs qui n'est réellement vu que de l'esprit, j'avais été tenté, sinon, à cause de la saison, d'aller me promener sur les eaux pour moi surtout printanières de Venise, du moins de retourner à Balbec. Mais je ne m'arrêtai pas un instant à cette pensée... (...) Des impressions telles que celles que je cherchais à fixer ne pouvaient que s'évanouir au contact d'une jouissance directe qui a été impuissante à les faire naître. La seule manière de les goûter davantage c'était de tâcher de les connaître plus complètement là où elles se trouvaient, c'est-à-dire en moi-même, de les rendre claires jusque dans leurs profondeurs. Je n'avais pu connaître le plaisir à Balbec, pas plus que celui de vivre avec Albertine, lequel ne m'avait été perceptible qu'après coup. Et si je faisais la récapitulation des déceptions de ma vie, en tant que vécue, qui me faisaient croire que sa réalité devait résider ailleurs qu'en l'action et ne rapprochait pas d'une manière purement fortuite, et en suivant les vicissitudes de mon existence, des désappointements différents, je sentais bien que la déception du voyage, la déception de l'amour n'étaient pas des déceptions différentes, mais l'aspect varié que prend, selon le fait auquel il

*s'applique, l'impuissance que nous avons à nous réaliser dans
la jouissance matérielle, dans l'action effective. (...) Cependant, je m'avisai au bout d'un moment et après avoir pensé à
ces résurrections de la mémoire que, d'une autre façon, des
impressions obscures avaient quelquefois, et déjà à Combray,
du côté de Guermantes, sollicité ma pensée, à la façon de ces
réminiscences, mais qui cachaient non une sensation d'autrefois, mais une vérité nouvelle, une image précieuse que je
cherchais à découvrir par des efforts du même genre que ceux
qu'on fait pour se rappeler quelque chose, comme si nos plus
belles idées étaient comme des airs de musique qui nous reviendraient sans que nous les eussions jamais entendus, et que nous
nous efforcerions d'écouter, de transcrire. Je me souvins avec
plaisir, parce que cela me montrait que j'étais déjà le même
alors et que cela recouvrait un trait fondamental de ma nature,
avec tristesse aussi en pensant que depuis lors je n'avais jamais
progressé, que déjà à Combray je fixais avec attention devant
mon esprit quelque image qui m'avait forcé à la regarder, un
nuage, un triangle, un clocher, une fleur, un caillou, en sentant
qu'il y avait peut-être sous ces signes quelque chose de tout
autre que je devais tâcher de découvrir, une pensée qu'ils traduisaient à la façon de ces caractères hiéroglyphes qu'on croirait représenter seulement des objets matériels. Sans doute, ce
déchiffrage était difficile, mais seul il donnait quelque vérité à
lire. Car les vérités que l'intelligence saisit directement à
claire-voie dans le monde de la pleine lumière ont quelque chose
de moins profond, de moins nécessaire que celles que la vie
nous a malgré nous communiquées en une impression, matérielle parce qu'elle est entrée par nos sens, mais dont nous pouvons dégager l'esprit. En somme, dans ce cas comme dans
l'autre, qu'il s'agisse d'impressions comme celles que m'avait
données la vue des clochers de Martinville, ou de réminiscences comme celle de l'inégalité des deux marches ou le goût
de la madeleine, il fallait tâcher d'interpréter les sensations
comme les signes d'autant de lois et d'idées, en essayant de
penser, c'est-à-dire de faire sortir de la pénombre ce que
j'avais senti, de le convertir en un équivalent spirituel. Or,
ce moyen qui me paraissait le seul, qu'était-ce autre chose que
faire une œuvre d'art ?* (T. R. II, 7 sqq.)

Ainsi le narrateur découvre-t-il que « *c'est une perception
grossière et fausse qui place tout dans l'objet alors que tout
est dans l'esprit* ». Il avait en réalité perdu sa grand'mère

bien des mois après sa mort réelle. Il avait vu une même personne varier selon l'idée que lui-même ou d'autres s'en faisaient (tels Swann au début du roman, la princesse de Luxembourg vue par le premier président ou par le narrateur) et varier même, pour un seul être, au cours des années (ainsi du nom de Guermantes, ainsi de la personne de Swann pour le narrateur) ; car « *les êtres ne cessent pas de changer de place par rapport à nous. Dans la marche insensible et éternelle du monde, nous les considérons comme immobiles, dans un instant de vision trop court pour que le mouvement qui les entraîne soit perçu...* » (S. G. II, 215). Il avait vu l'amour placer dans une personne ce qui n'était qu'en Swann ou qu'en lui-même qui aimaient, et constaté ainsi la distance extrême qui sépare l'amour et la réalité objective (Rachel pour Saint-Loup et pour lui, Albertine pour lui et pour Saint-Loup, Morel pour Charlus et pour d'autres, etc.) (T. R. II, 70). « *Au reste, les maîtresses que j'ai le plus aimées n'ont coïncidé jamais avec mon amour pour elles. Cet amour était vrai, puisque je subordonnais toutes choses à les voir, à les garder pour moi seul, puisque je sanglotais si, un soir, je les avais attendues. Mais elles avaient plutôt la propriété d'éveiller cet amour, de le porter à son paroxysme, qu'elles n'en étaient l'image... Quand je les voyais, quand je les entendais, je ne trouvais rien en elles qui ressemblât à mon amour et pût l'expliquer. Pourtant ma seule joie était de les voir, ma seule anxiété de les attendre.* » (S. G. II, 356). Mais ces révélations décourageantes, il avait su en faire la matière d'une œuvre d'art roborative : *un livre*, dont le héros, tout comme lui, n'éprouvait un sentiment de beauté et d'allégresse que lorsque se superposait à une sensation présente, si insignifiante fût-elle, une sensation semblable qui, renaissant spontanément en lui, « *venait étendre la première sur plusieurs époques à la fois, et remplissait* [son] *âme, où habituellement les sensations particulières laissaient tant de vide, par une essence générale* » — que c'était précisément le rôle de ce livre de dégager (T. R. II, 78). Ainsi, cette œuvre d'art qu'était son roman intellectualisait « *des réalités extra-temporelles* », tout en les maintenant dans l'ordinaire milieu temporel, où tout s'use et s'altère — les hommes, les sociétés, les nations (T. R. II, 95 et 98.)

Et sans doute tous ces plans différents, suivant lesquels le Temps, depuis que je venais de le ressaisir, dans cette fête, disposait ma vie, en me faisant songer que, dans un livre qui voudrait en raconter une, il faudrait user, par opposition à la psychologie plane dont on use d'ordinaire, d'une sorte de psychologie dans l'espace, ajoutaient une beauté nouvelle à ces résurrections que ma mémoire opérait tant que je songeais seul dans la bibliothèque, puisque la mémoire, en introduisant le passé dans le présent sans le modifier, tel qu'il était au moment où il était le présent, supprime précisément cette grande dimension du Temps suivant laquelle la vie se réalise. (T. R. II, 231.)

Nous savons maintenant ce qui manquait au Proust de *Jean Santeuil*, et qui faisait plus encore défaut aux écrivains qui avaient été sensibles avant lui aux éphémères résurrections du temps passé : en s'efforçant au sauvetage d'un passé qui semblait disparu corps et biens, ils ne parvenaient qu'à des résurrections tout aussi fugaces et immatérielles que l'avaient été les sensations elles-mêmes. Ainsi le temps retrouvé demeurait-il fragmenté. Mais le Proust du *Temps perdu*, après avoir mis au point une méthode qui devint un art dans sa mise en œuvre, a su recréer à force de génie (mais d'abord de travail) la continuité originelle d'une durée anéantie et pourtant à jamais présente. Le goût de la madeleine, ce n'avait été à l'origine (comme la vue de la pervenche pour Rousseau, l'odeur de l'héliotrope pour Chateaubriand) qu'une sensation autour de laquelle les souvenirs irradiaient : narrateur d'un *Temps perdu* devenu *Temps retrouvé*, Proust recueille ce goût dans le milieu même, à jamais vivant, qui l'entourait. Reconstitution qui est une reconstruction : « *Tout cela qui prend forme et solidité, est sorti ville et jardins, de ma tasse de thé.* » Voilà les mots-clefs : la *forme* et la *solidité* d'une œuvre matérialisée, d'une œuvre d'art.

Et nous comprenons désormais pourquoi il fallut tant d'années de méditation et de recherche au narrateur pour découvrir sa méthode et la mettre au point. Toute œuvre d'art qui compte est création totale : il s'agit de déchiffrer les « signes inconnus » d'un « livre intérieur ». Signes « en relief », — « *que son attention explorant son inconscient allait chercher, heurtait, contournait comme un plongeur qui sonde* », personne ne pouvant l'aider d'aucune règle, « *cette lecture consistant en un acte de création où nul ne peut nous suppléer, ni même collaborer avec nous* » :

*... Non que les idées que nous formons ne puissent être justes
logiquement, mais nous ne savons pas si elles sont vraies.
Seule l'impression, si chétive qu'en semble la matière, si
invraisemblable la trace, est un critérium de vérité et à cause
de cela mérite seule d'être appréhendée par l'esprit, car elle
est seule capable, s'il sait en dégager cette vérité, de l'amener
à une plus grande perfection et de lui donner une pure joie.
L'impression est pour l'écrivain ce qu'est l'expérimentation
pour le savant, avec cette différence que chez le savant le
travail de l'intelligence précède et chez l'écrivain vient après.
Ce que nous n'avons pas eu à déchiffrer, à éclaircir par notre
effort personnel, ce qui était clair avant nous, n'est pas à nous.
Ne vient de nous-même que ce que nous tirons de l'obscurité qui
est en nous et que ne connaissent pas les autres. Et comme l'art
recompose exactement la vie, autour de ces vérités qu'on a
atteintes en soi-même flotte une atmosphère de poésie, la douceur d'un mystère qui n'est que la pénombre que nous avons
traversée.*

*...Ainsi j'étais déjà arrivé à cette conclusion que nous
ne sommes nullement libres devant l'œuvre d'art, que nous
ne la faisons pas à notre gré, mais que, préexistant à nous,
nous devons, à la fois parce qu'elle est nécessaire et cachée,
et comme nous ferions pour une loi de la nature, la découvrir.
Mais cette découverte que l'art pouvait nous faire faire
n'était-elle pas, au fond, celle de ce qui devrait nous être le
plus précieux, et de ce qui nous reste d'habitude à jamais
inconnu, notre vraie vie, la réalité telle que nous l'avons sentie
et qui diffère tellement de ce que nous croyons, que nous sommes emplis d'un tel bonheur quand le hasard nous en apporte
le souvenir véritable. Je m'en assurais par la fausseté même
de l'art prétendu réaliste et qui ne serait pas si mensonger si
nous n'avions pris dans la vie l'habitude de donner à ce que
nous sentons une expression qui en diffère tellement et que nous
prenons, au bout de peu de temps, pour la réalité même.* (T. R.,
II, 25 sqq.)

Difficile lecture en nous-même de ce qui préexiste à
l'œuvre d'art... Vraie vie... Bonheur... Esthétique fondamentale de Marcel Proust, son éthique, et dont nous
trouvons déjà la préfiguration dans *Jean Santeuil*[1].
Tout y est déjà, et jusqu'à ces notions de *bonheur* et de

---

1. Cf. par exemple II, 29 sqq.

vraie vie, clefs de voûte de l'édifice proustien, — assorties de ces thèmes essentiels : la création que l'on ne peut réaliser sans la mériter ; la poésie, proie plus *réelle* que le réel ; le secret de la transmutation de la réalité en littérature. Une autre clef du *Temps perdu*[1] — comme, du reste, de toute œuvre d'art — consiste dans le passage de la simple observation des êtres à la perception de leur véritable essence, si bien que nous nous trouvons mis en présence « *de quelque chose de plus profond qu'eux, qui devient leur raison d'être, leur réalité* » :

> *Ainsi le jour où Bertrand de Réveillon, pour venir plus vite vers moi, traversa un café encombré de clients en marchant sur les tables et les banquettes, ce jour-là son geste (...) plaçait mon esprit devant quelque chose de plus profond que le pur esprit d'observation, offrait à mon esprit une réalité plus profonde qu'un être d'apparence et ainsi me donnait une sorte de joie, faisait de lui courant ainsi sur les tables, en vertu de puissances qu'il ignorait lui-même, quelque chose d'un peu irréel, de gracieux et de charmant. (...) L'ami a sa beauté d'où nos raisons de l'aimer sont, hélas, absentes aussi. Car la beauté de cette signification est une vérité dont l'individu est porteur et symbole, et non auteur. De là vient que la perception d'un tel rapport ne s'adressant en nous qu'à l'esprit universel, ne peut nous donner que de la joie.* (J. s. I, 289, 295 sqq.)

Ce qu'il faut surtout retenir de ce passage, c'est la notion éminemment proustienne de *joie*, qui s'y trouve à deux reprises exprimée. Car plus encore que les intermittences du cœur, nous avons avec Marcel Proust les intermittences du bonheur. D'où viennent ces bouffées de joie, — telle est la question à laquelle notre auteur va dès lors s'efforcer de répondre.

C'est elle qu'il formule de nouveau dans *Les jeunes filles en fleurs*...

> *Je dus quitter un instant Gilberte, Françoise m'ayant appelé. Il me fallut l'accompagner dans un petit pavillon treillissé de vert, assez semblable aux bureaux d'octroi désaffectés du vieux Paris, et dans lequel étaient depuis peu ins-*

---

1. Cf. notamment : *P.* I, 13 ; *T. R.* II, 53-54.

tallés ce qu'on appelle en Angleterre un lavabo, et en France, par une anglomanie mal informée, des water-closets. Les murs humides et anciens de l'entrée, où je restai à attendre Françoise dégageaient une fraîche odeur de renfermé qui, m'allégeant aussitôt des soucis que venaient de faire naître en moi les paroles de Swann rapportées par Gilberte, me pénétra d'un plaisir non pas de la même espèce que les autres, lesquels nous laissent plus instables, incapables de les retenir, de les posséder, mais au contraire d'un plaisir consistant auquel je pouvais m'étayer, délicieux, paisible, riche d'une vérité durable, inexpliquée et certaine. J'aurais voulu, comme autrefois dans mes promenades du côté de Guermantes, essayer de pénétrer le charme de cette impression qui m'avait saisi et rester immobile à interroger cette émanation vieillotte qui me proposait non de jouir du plaisir qu'elle ne me donnait que par surcroît, mais de descendre dans la réalité qu'elle ne m'avait pas dévoilée. Mais la tenancière de l'établissement, vieille dame à joues plâtrées et à perruque rousse, se mit à me parler.

... En rentrant, j'aperçus, je me rappelai brusquement l'image, cachée jusque-là, dont m'avait approché, sans me la laisser voir ni reconnaître, le frais, sentant presque la suie, du pavillon treillagé. Cette image était celle de la petite pièce de mon oncle Adolphe, à Combray, laquelle exhalait en effet le même parfum d'humidité. Mais je ne pus comprendre et je remis à plus tard de chercher pourquoi le rappel d'une image si insignifiante m'avait donné une telle félicité. En attendant, il me sembla que je méritais vraiment le dédain de M. de Norpois; j'avais préféré jusqu'ici à tous les écrivains celui qu'il appelait un simple « joueur de flûte » et une véritable exaltation m'avait été communiquée, non par quelque idée importante, mais par une odeur de moisi. (J. F. I, 88 et 91.)

... où il précise encore le véritable but de sa recherche : *la joie...*

Mais — de même qu'au voyage à Balbec, au voyage à Venise que j'avais tant désirés — ce que je demandais à cette matinée [où il entendrait la Berma] *c'était tout autre chose qu'un plaisir : des vérités appartenant à un monde plus réel que celui où je vivais, et desquelles l'acquisition une fois faite ne pourrait pas m'être enlevée par des incidents insignifiants, fussent-ils douloureux à mon corps, de mon oiseuse existence.* (J. F. I, 22.)

A l'époque de Gilberte,
... au Parc Monceau.

... pour projeter enfin, dans *Le temps retrouvé* (II, 47), une lumière décisive sur sa découverte, — sur cette « *vraie vie* » à propos de laquelle nous l'avons entendu, dans une lettre à Georges de Lauris, reprendre le cri poussé par Rimbaud au nom de tous les poètes.

La grandeur de l'art véritable, au contraire, de celui que M. de Norpois eût appelé un jeu de dilettante, c'était de retrouver, de ressaisir, de nous faire connaître cette réalité loin de laquelle nous vivons, de laquelle nous nous écartons de plus en plus au fur et à mesure que prend plus d'épaisseur et d'imperméabilité la connaissance conventionnelle que nous lui substituons, cette réalité que nous risquerions fort de mourir sans l'avoir connue, et qui est tout simplement notre vie, la vraie vie, la vie enfin découverte et éclaircie, la seule vie, par conséquent, réellement vécue, cette vie qui, en un sens, habite à chaque instant chez tous les hommes aussi bien que chez l'artiste. Mais ils ne la voient pas, parce qu'ils ne cherchent pas à l'éclaircir. Et ainsi leur passé est encombré d'innombrables clichés qui restent inutiles parce que l'intelligence ne les a pas « développés ».

Robert de Billy

7 Janvier 1895.

*Au verso de cette photographie Reynaldo Hahn
a écrit pour Marcel Proust la dédicace musicale
qu'on trouvera reproduite à la page suivante.*

Voici des fruits, des fleurs, des
feuilles et des branches —

Divers portraits

COLETTE

Il était un jeune homme dans le même temps que j'étais une jeune femme, et ce n'est pas dans ce temps-là que j'ai pu le bien connaître. Je rencontrais Marcel Proust le mercredi chez Madame Arman de Caillavet, et je n'avais guère de goût pour

[signature manuscrite : Au seul Gaston de Sien Marcel Proust]

sa très grande politesse, l'attention excessive qu'il vouait à ses interlocuteurs, surtout à ses interlocutrices, une attention qui marquait trop, entre elles et lui, la différence d'âges. C'est qu'il paraissait singulièrement jeune, plus jeune que tous les hommes, plus jeune que toutes les jeunes femmes. De grandes orbites bistrées et mélancoliques, un teint parfois rosé et parfois pâle, l'œil anxieux, la bouche, quand elle se taisait, resserrée et close comme pour un baiser... Des habits de cérémonie et une mèche de cheveux désordonnée.

Pendant de longues années je cesse de le voir. On le dit déjà très malade. Et puis Louis de Robert, un jour, me donne *Du côté de chez Swann...* Quelle conquête ! Le dédale de l'enfance, de l'adolescence rouvert, expliqué, clair et vertigineux... Tout ce qu'on aurait voulu écrire, tout ce qu'on n'a pas osé ni su écrire, le reflet de l'univers sur le long flot, troublé par sa propre abondance... Que Louis de Robert sache aujourd'hui pourquoi il ne reçut pas de remerciement : je l'avais oublié, je n'écrivis qu'à Proust.

Nous échangeâmes des lettres, mais je ne l'ai guère revu plus de deux fois pendant les dix dernières années de sa vie. La dernière fois, tout en lui annonçait, avec une sorte de hâte et d'ivresse, sa fin. Vers le milieu de la nuit, dans le hall du Ritz, désert à cette heure, il recevait quatre ou cinq amis. Une pelisse de loutre, ouverte, montrait son frac et son linge blanc, sa cravate de batiste à demi dénouée. Il ne cessait de parler avec effort, d'être gai. Il gardait sur sa tête — à cause du froid et s'en excusant — son chapeau haut-de-forme, posé en arrière, et la mèche de cheveux en éventail couvrait ses sourcils. Un uniforme de gala quotidien, en somme, mais dérangé comme par un vent furieux qui, versant sur la nuque le chapeau, froissant le linge et les pans agités de la cravate, comblant d'une cendre noire les sillons de la joue, les cavités de l'orbite et la bouche haletante, eût pourchassé ce chancelant jeune homme, âgé de cinquante ans, jusque dans la mort.

LÉON-PAUL FARGUE

Il avait l'air d'un homme qui ne vit plus à l'air et au jour, l'air d'un ermite qui n'est pas sorti depuis longtemps de son chêne, avec quelque chose d'angoissant sur le visage et comme l'expression d'un chagrin qui commence à s'adoucir. Il dégageait de la bonté amère.

RAMON FERNANDEZ

Cette miraculeuse voix, prudente, distraite, abstraite, ponctuée, ouatée, qui semblait former les sons au-delà des dents et des lèvres, au-delà de la gorge, dans les régions mêmes de l'intelligence... Ses admirables yeux se collaient matériellement aux meubles, aux tentures, aux bibelots ; par tous les pores de sa peau, il semblait aspirer la réalité contenue dans la chambre, dans l'instant, dans moi-même ; et l'espèce d'extase qui se peignait sur son visage était bien celle du médium qui reçoit les messages invisibles des choses. Il se répandait en exclamations admiratives, que je ne prenais pas pour des flatteries puisqu'il posait un chef-d'œuvre partout où ses yeux s'arrêtaient...

FERNAND GREGH

Je le revoyais chez les Straus, jeune homme élégant en habit, le camélia à la boutonnière, le plastron toujours un peu cassé par son repliement déjà fatigué sur lui-même, mais promenant sur l'assemblée ses magnifiques yeux où dans le coin des paupières la lumière frisait d'intelligence ; c'était à son époque de grande mondanité, celle où, présenté à la princesse Mathilde, il avait fait la conquête de la vieille dame. (...) Je le revoyais à l'hôtel des Roches Noires, à Trouville, où il regardait de sa chambre, entre ses premières crises d'asthme, les couchers de soleil sur la Manche dont il allait fixer pour toujours les nuages éphémères. (...) Chez Weber, où il apparaissait parfois vers minuit comme un spectre, en pardessus au plus chaud de l'été, le collet renforcé d'une ouate qui sortait par lambeaux de dessous son col ; où, un soir, après avoir pendant quelque temps laissé pousser sa barbe, c'était tout à coup le rabbin ancestral qui reparaissait derrière le Marcel charmant que nous connaissions.

EDMOND JALOUX

Il y avait (en 1917) dans son physique même, dans l'atmosphère qui flottait autour de lui, quelque chose de si singulier que l'on éprouvait à sa vue une sorte de stupeur. Il ne participait point à l'humanité courante ; il semblait toujours sortir d'un cauchemar, et aussi d'une autre époque, et peut-être d'un autre monde : mais lequel ? Jamais il ne s'était décidé à renoncer aux modes de sa jeunesse : col droit très haut, plastron empesé, ouverture du gilet largement échancrée, cravate régate. Il s'avançait avec une sorte de lenteur gênée, de stupéfaction intimidée, - ou plutôt il ne se présentait pas à vous : il apparaissait. Il était impossible de ne pas se retourner sur lui, de ne pas être frappé par cette physionomie extraordinaire, qui portait avec elle une sorte de démesure naturelle.

Un peu fort, le visage plein, ce qu'on remarquait d'abord en lui, c'étaient ses yeux : des yeux admirables, féminins, des yeux d'Oriental, dont l'expression tendre, ardente, caressante, mais passive, rappelait celle des biches, des antilopes. Les paupières supérieures étaient légèrement capotées (comme celles de Jean Lorrain), et l'œil tout entier baignait dans une cernure bistrée, si largement marquée qu'elle donnait à sa physionomie un caractère à la fois passionné et maladif. Ses cheveux touffus, noirs, toujours trop longs, formaient autour de sa tête une épaisse calotte. On était surpris aussi du développement exagéré de son buste, bombé en avant, et que Léon Daudet a comparé à un bréchet de poulet, en indiquant qu'il avait également ce trait en commun avec Jean Lorrain.

A vrai dire, cette description ne me satisfait guère ; il y manque ce je ne sais quoi qui faisait sa singularité : mélange de pesanteur physique et de grâce aérienne de la parole et de la pensée ; de politesse cérémonieuse et d'abandon ; de force apparente et de féminité. Il s'y ajoutait quelque chose de réticent, de vague, de distrait ; on eût dit qu'il ne vous prodiguait ses politesses que pour avoir mieux le droit de se dérober, de regagner ses retraites secrètes, le mystère angoissé de son esprit. On était à la fois en face d'un enfant et d'un très vieux mandarin.

Pendant tout ce dîner, il fut, comme il était toujours quand il avait fini de se plaindre, extrêmement gai, bavard et charmant. Il avait une façon de rire tout à fait séduisante quand, pouffant tout d'un coup, il cachait aussitôt sa bouche derrière sa main, comme un gamin qui s'amuse en classe et qui craint d'être surpris par son professeur. Avait-il l'impression que sa gaieté était un phénomène si extravagant qu'il voulait la voiler, ou ce geste avait-il une signification plus immédiate ?

FRANÇOIS MAURIAC

Il m'apparut plutôt petit, cambré dans un habit très ajusté, les épais cheveux noirs ombrageant des pupilles dilatées, semblait-il, par les drogues. Engoncé dans un col très haut, le plastron bombé comme par un bréchet, il arrêta sur moi un œil de nocturne dont la fixité m'intimidait. Je revois cette chambre sinistre de la rue Hamelin, cet âtre noir, ce lit où le pardessus servait de couverture, ce masque cireux à travers lequel on eût dit que notre hôte nous regardait manger, et dont les cheveux seuls paraissaient vivants. Pour lui, il ne participait plus aux nourritures de ce monde. L'obscur ennemi dont parle Baudelaire, ce temps « qui mange la vie » et qui « du sang que nous perdons croît et se fortifie », se condensait, se matérialisait au chevet de Proust déjà plus qu'à demi engagé dans le non-être, et devenait ce champignon énorme et proliférant, nourri de sa propre substance, son œuvre : *le Temps retrouvé*.

Sauf indication contraire les documents photographiques reproduits dans le présent ouvrage ont été obligeamment fournis par Mme Gérard Mante-Proust.

Bibliographie

De l'immense bibliographie proustienne, nous ne citerons que les plus significatifs parmi les ouvrages de langue française :

Bibesco (Princesse), *Au bal avec Marcel Proust* (Gallimard, 1928).

Billy (Robert de), *Marcel Proust, Lettres et conversations* (Éd. des Portiques, 1930).

Cattaui (Georges), *Marcel Proust* (Julliard, 1952).

Celly (Raoul), *Répertoire des thèmes de Marcel Proust* (Gallimard, 1935).

Crémieux (Benjamin), *Du côté de Marcel Proust* (Éd. Lemarget, 1929).

Curtius (Ernest Robert), *Marcel Proust* (traduit de l'allemand par Armand Pierhal ; éd. de la Revue Nouvelle, 1928).

Daudet (Charles), *Répertoire des personnages de « A la recherche du temps perdu »* (Gallimard, 1928).

Daudet (Lucien), *Autour de soixante lettres de Marcel Proust* (Gallimard, 1929).

Dreyfus (Robert), *Souvenirs sur Marcel Proust* (Grasset, 1926).

Hommage à Marcel Proust (Gallimard, 1927).

Kolb (Philip), *La Correspondance de Marcel Proust, Chronologie et commentaire critique* (The University of Illinois Press, 1949).

Lauris (Georges de), *A un ami* (Amiot-Dumont, 1948).

Massis (Henri), *Le drame de Marcel Proust* (Grasset, 1937).

Mauriac (François), *Du côté de chez Proust* (Éd. de la Table Ronde, 1947).

Maurois (André), *A la recherche de Marcel Proust* (Hachette, 1949).

Mouton (Jean), *Le style de Marcel Proust* (Corrêa, 1948).

Pierre-Quint (Léon), *Marcel Proust, sa vie, son œuvre* (Le Sagittaire, 1936 ; nouv. éd.).

Robert de Flers en Mascarille

ŒUVRES DE MARCEL PROUST EN LIBRAIRIE [1]

A LA RECHERCHE DU TEMPS PERDU : Gallimard.

Du côté de chez Swann (2 vol.), 950 fr.
A l'ombre des jeunes filles en fleurs (3 vol.), 1.140 fr.
Du côté de Guermantes (3 vol.), 1.290 fr.
Sodome et Gomorrhe (2 vol.), 1.150 fr.
La prisonnière (2 vol.), 890 fr.
Albertine disparue (1 vol.), 590 fr.
Le temps retrouvé (2 vol.) 780 fr.

Les 15 volumes vendus ensemble, 6.600 fr.

UN AMOUR DE SWANN :

« Collection pourpre » (cartonné), Gallimard, 230 fr.
Coll. « Le rayon d'or », illustré de 12 hors-texte par Hermine David, Gallimard, 2.500 fr.

LE BALZAC DE M. DE GUERMANTES. Illustré par 4 dessins de l'auteur, Ides et Calendes, 650 fr.

CHRONIQUES (1 vol.), Gallimard, 275 fr.

JEAN SANTEUIL (3 vol.) Gallimard, 2.500 fr.

PASTICHES ET MÉLANGES (1 vol.) Gallimard, 420 fr.

LES PLAISIRS ET LES JOURS (1 vol.) Gallimard, 350 fr.

PAGES CHOISIES. Coll. Vaubourdolle, Hachette, 55 fr.

CORRESPONDANCE GÉNÉRALE :

Tome I : *Lettres à R. de Montesquiou* (1893-1921) Plon, 300 fr. - Pur fil, 600 fr. - Hollande, 1.200 fr. - Japon, 1.800 fr. - Chine, 1.800 fr.
Tome II : *Lettres à la Comtesse de Noailles* (1901-1919), Plon, 300 fr. - Alfa, 420 fr. - Pur fil, 600 fr. - Hollande, 1.200 fr.
Tome III : *Lettres à M. et Mme Sydney Schiff, Paul Souday*, etc..., Plon, 360 fr. - Alfa, 420 fr. - Hollande, 1.200 fr.
Tome IV : *Lettres à P. Lavallée, J. L. Vaudoyer*, etc... Plon, 300 fr.
Tome V : *Lettres à Walter Berry*, etc... (manque).
Tome VI : *Lettres à M. et Mme Émile Straus*, Plon, Alfa, 420 fr. - Pur fil, 600 fr. - Hollande, 1.200 fr. - Japon, 1.800 fr.

A UN AMI (*Correspondance inédite* 1903-1922) : Amiot-Dumont, 320 fr.

LETTRES A BIBESCO : Clairefontaine, 900 fr.

LETTRES A UNE AMIE (*Recueil de 41 lettres inédites, adressées à Marie Nordlinger*, 1899-1908) : Éd. Industrielles, Techniques et Littéraires, 780 fr.

---

1. Ces prix sont donnés sous toute réserve et à titre indicatif, ils correspondent aux prix de catalogues de février 1953.

Table

1 9 5 3
Achevé d'imprimer
PAR L'IMPRIMERIE TARDY
A BOURGES
D. L. 1953. Nº 518. (1489)